AF358555

Le Bucrâne.

par

Eugène Lefébure.

———

I.

La Conservation.

1. L'ensevelissement du bœuf.

Les animaux de l'espèce bovine ont tenu une grande place dans le culte égyptien, et il s'en est suivi différentes particularités relatives au bucrâne. C'est ce que fera déjà ressortir, par endroits, un coup d'œil jeté sur la manière dont les Egyptiens donnaient la sépulture à ces animaux.

Hérodote raconte qu'on jetait au fleuve ou qu'on vendait aux grecs la tête du bœuf sacrifié,[1] tandis que pour les autres, ont les enterrait les cornes hors du sol jusqu'à dessication, pour réunir ensuite leurs os que venait chercher une barque partant d'Atarbéchis, ville du Delta consacrée à Hathor, et située dans l'île Prosopitis: quant aux vaches, elles n'auraient jamais été sacrifiées, et, mortes, on les aurait jetées dans le Nil.[2]

Comme de coutume, Hérodote ne parle ici que d'après ce qu'il a pu voir ou apprendre par endroits, ou même dans un seul endroit, mais ses renseignements sur la race bovine

---

[1] Cf. PLUTARQUE, Traité d'Isis et d'Osiris, 31.
[2] HÉRODOTE, II, 39 et 41.

68

sont bien incomplets. Il ne dit pas clairement, par exemple,
où l'on ensevelissait après dessication les animaux morts.

Pour le Delta, la grande nécropole des bœufs était naturellement à Memphis, auprès de la tombe de leur roi Apis,
entre Saqqarah et Abousir, ce qui ne veut pas dire, néanmoins, qu'on n'ait pas enseveli ou embaumé des bœufs et
des vaches ailleurs, par exemple à Thèbes,[1] à Dendérah,[2] etc.

Entre Saqqarah et Abousir, les sépultures bovines sont
en assez grand nombre pour qu'une foule de voyageurs en
aient signalé l'existence. Dans des caveaux remplis de squelettes d'animaux sacrés à Bousir, «je vis, dit Abd-Allatif, une
quantité de crânes de bœufs et de brebis, et je distinguais
très bien les têtes des brebis de celles des chèvres, et les
têtes des vaches de celles des taureaux . . . . . . Tous ces cadavres sont extraits par les hommes qui font métier de chercher des trésors». L'auteur arabe ajoute: «Tout ce que nous
avons dit des cimetières de Bousir se retrouve dans ceux
d'Aïn-Schems, des Berbis, et autres». Silvestre de Sacy,
son traducteur, cite à ce propos Paul Lucas, qui remarqua
en 1714, dans les catacombes de Bousir, »plusieurs têtes de
bœuf, et même une caisse qui renfermait un bœuf embaumé.
Hasselquist parle d'un bœuf trouvé par le. P. Sicard, et qui
fut, dit-il, envoyé à Paris par ce missionnaire». Du temps
de l'expédition d'Egypte, il y avait aux catacombes de Saqqarah, vers le nord, un endroit rempli d'ossements de bœufs.[3]

Cailliaud, qui visita en 1819 les hypogées voisins
d'Abousir et de Saqqarah, y remarqua «des chambres remplies de momies de bœufs. Je fis ouvrir plusieurs de celles-ci
où je ne trouvai que des os placés sans ordre. Le médiocre
volume de ces momies me fit connaître que les anciens

---

[1] Cailliaud, Voyage à Méroé et au Fleuve Blanc, t. I, p. 263.

[2] Mariette, Dendérah, Description générale, p. 223; Flinders Pétrie,
Dendérah, p. 29.

[3] Relation de l'Egypte, par Abd-Allatif, traduction Silvestre de Sacy,
p. 200—204 et 277—278.

avaient d'abord enlevé la plus grande partie des chairs, et qu'ils avaient seulement embaumé les ossements des animaux sacrés. Ces os ont été envéloppés avec précaution; ceux des cuisses et des jambes sont reployés, et ne forment qu'une masse avec le corps. La tête, enveloppée avec plus de soin, conserve sa forme naturelle: les yeux sont indiqués en couleur sur la toile; sur le haut de la tête est la tache qui caractérise le dieu Apis: les cornes sont entourées de bandelettes; des branches de dattier sont quelquefois placées audedans des momies pour maintenir les os. On y trouve une poussière jaunâtre qui devient fétide quand elle est humectée; elle semble être le résidu des chairs consumées, joint au natron ou à d'autres substances salines. Après les avoir enveloppées d'une grande quantité de toiles, on les entourait avec des cordes faites d'écorce de branches de palmier et de chanvre.[1] Ces momies étaient entassées les unes sur les autres: pour mieux les assujettir, on avait placé entre elles divers morceaux de planches et de madriers. Je vis huit chambres remplies de ces animaux embaumés; il serait possible que des fouilles en fissent découvrir un plus grand nombre.... Je pris trois têtes de momies de bœufs».[2]

Mariette dit de son côté, au sujet d'une tête de vache conservée au Musée qu'il avait fondé: «Quand un des animaux de l'espèce bovine mourait à Memphis, on l'enterrait près du Sérapéum, soit dans le sable pur, soit dans une immense catacombe aujourd'hui comblée. L'embaumement ne paraît pas avoir été pratiqué pour ces animaux, dont on ne conservait que le squelette. Tantôt le squelette était maintenu par de fortes branches d'arbre nouées le long de l'épine dorsale, tantôt les os étaient réunis en paquet et enfermés dans des linges nombreux auxquels on essayait de donner extérieurement la forme d'un bœuf accroupi. Quelquefois

---

[1] Cf. FLINDERS PETRIE, Hawara, Biahmu and Arsinoé, p. 10.
[2] CAILLIAUD, Voyage à Méroé et au Fleuve Blanc, t. I, p. 13—15.

ce même paquet était enfermé dans un coffre de bois, fendu par le milieu, auquel on donnait la même forme.[1] La tête de vache inscrite sous le n° 448 s'adaptait à l'un de ces coffres».[2]

La catacombe dont parle Mariette se trouve au nord-est du Sérapéum, en dehors de l'enceinte. «Là, sont ensevelis pêle-mêle et presque à fleur du sol, les ossements de tous les bœufs qu'on immolait, le jour des funérailles des simples particuliers, à la porte de leur tombeau. — Les ossements de bœufs s'y rencontrent certainement par milliers. Ils sont si nombreux que, pendant de longues années, des industriels du Caire en ont expédié de pleins chargements de navires aux raffineries de sucre du nord de la France. — C'est sous cette couche épaisse de squelettes entassés que s'ouvrent des puits donnant accès à de véritables catacombes où d'autres bœufs, cette fois embaumés, ont été déposés. Nous en avons vidé plusieurs où les momies se sont rencontrées par dizaines. Qui sait si ce n'est pas au fond d'un de ces puits que se trouvait la tombe, plus vaste que les autres, consacrée aux mères des Apis».

Mariette ajoute qu'«on trouve au nord-ouest, toujours jetés pêle-mêle dans le sable de cette partie de la nécropole, de non moins nombreux ossements de boucs, de chèvres, d'antilopes et de gazelles». Les hypogées memphites d'ibis, de chiens et de chats sont ailleurs, les premiers à l'est, les autres au Pastophorium.[3]

Cailliaud avait remarqué que la tête des bœufs embaumés était enveloppée avec plus de soin que le corps; Passalacqua a observé de même que les béliers trouvés par lui à Thèbes, «et dont les têtes seules sont embaumées, n'ont les

---

[1] Cf. Hérodote, II, 130—132, et Diodore, I, 85.

[2] Mariette, Notice des principaux monuments du Musée de Boulaq, 3e édition, p. 173.

[3] Mariette, Le Sérapéum de Memphis, t. I, p. 79; cf. Norden, Voyage d'Egypte et de Nubie, édition française, an VIII, t. II, p. 20.

corps que seulement remplis de joncs, enveloppés de linges».[1]
Naturellement, la tête des Apis n'était pas négligée non plus.
Quand Mariette démaillotta «l'Apis inviolé d'Horus», il trouva,
«au fond du cercueil, une tête de taureau, et sous cette tête
une masse noirâtre qui lui servait comme de support. J'examinai d'abord la tête. Elle n'adhérait à rien et avait été
posée sur la masse. La peau avait complètement disparu,
et tous mes efforts pour retrouver les traces des bandelettes
furent inutiles. J'examinai ensuite le support. Il était de
forme ovale, assez régulier, et mesurait un mètre environ de
longueur, trente centimètres de largeur, et autant à peu près
d'épaisseur. Quant à sa nature, je reconnus qu'il était formé
d'un amas confus de bitume et de gros ossements de bœuf
brisés, le tout amoncelé sans ordre sous une enveloppe de
mousseline».[2]

L'état de ce corps s'expliquera si l'on admet, avec M.
Flinders Petrie, que les Egyptiens mangeaient les animaux
sacrés, bien qu'ils aient reproché à Ochus d'avoir fait cuire
un Apis,[3] mais sans doute il ne l'avait pas fait dans les formes: «La coutume de se nourrir du bélier sacré de Thèbes
et de l'Apis sacré de Memphis, tout en enterrant les restes
d'os de la fête avec le plus grand honneur, montre jusqu'à
quel point le repas rituel de ce genre se combinait avec le
plus grand respect et la plus grande vénération aux temps
historiques».[4]

On va voir maintenant qu'à différentes époques et en
différents lieux, sinon de tous temps et partout, il a existé
en Egypte quant au bucrâne, nombre de pratiques consécu-
tives à la mort naturelle ou à l'immolation rituelle des animaux de l'espèce bovine.

---

[1] Catalogue raisonné et historique des antiquités découvertes en Egypte par M. JPH. PASSALACQUA, 1826, p. 20 et 150.

[2] MARIETTE, Le Sérapéum de Memphis, t. I, p. 130; cf. id., p. 142.

[3] PLUTARQUE, Traité d'Isis et d'Osiris, 11.

[4] FLINDERS PETRIE et QUIBELL, Naqada and Ballas p. 33.

D'abord l'*offrande* et son *imitation*.

La tête du bœuf avait un rôle si essentiel dans les festins, funéraires ou non, qu'elle figure toujours en premier rang sur les tables d'offrandes,[1] où, sous l'ancien et le moyen Empire, la tête de vache l'accompagne quelquefois, sans parler de la tête de gazelle et de la tête de bélier,[2] sortes de variantes du bucrâne. Il a existé, depuis la bonne époque au moins jusqu'aux derniers temps,[3] un titre dont le déterminatif était un homme présentant une tête de bœuf au bout d'un bâton: c'est le titre de «*Kherp serek* du roi». Celui qui pré-sente la nourriture. Le fait d'offrir ainsi la tête de l'animal n'implique sans doute pas nécessairement qu'on la destinait à être mangée;[4] mais c'était là tout au moins un rite du re-pas, comme lorsqu'à Tonga on présentait l'œil gauche des victimes humaines au roi, qui faisait le simulacre d'y goûter.[5] Une formule de l'Ap-ro explique qu'on montrait à la statue représentant le défunt la tête de chacun des animaux sacrifiés pour lui, et appelés ses ennemis, 𓀀𓈖𓏏𓄜𓏏𓏤.[6] La capitale du douzième nome de la haute Egypte, que caractérisait le sacrifice du bœuf typhonien par Horus monté sur la tête, 𓉔𓉔, de la victime, s'appelait «le Palais d'Horus et du bucrâne», 𓉐𓅃𓃾𓉐.[7]

Mariette relève dans les termes suivants l'erreur qu'il reproche à Hérodote, «sur l'usage qu'après le sacrifice on

---

[1] Quibell, Hierakonpolis, I, pl. 2; Flinders Petrie, Dendérah, pl. 19; etc.

[2] Denkmaeler, II, pl. 25; Mastabas, p. 343; Maspero, Trois ans de fouilles, p. 187; Lacau, Sarcophages antérieurs au nouvel Empire, p. 41.

[3] Daressy, Recueil, XXIII, 1901, p. 131.

[4] Cf Spiegelberg, Recueil, XXIII, 1901, p. 198, Ueber einen Titel des Apisstieres, Note 2.

[5] Cook, Troisième Voyage, vol. X, 119, 130, cité dans Ch. Letourneau, L'Evolution religieuse dans les diverses races humaines, p. 165.

[6] Schiaparelli, Il Libro dei funerali, I, p. 88.

[7] Brugsch, Dictionnaire géographique, p. 507; et Dendérah, IV, pl. 73, l. 18.

faisait de la tête des bœufs immolés à Apis. La présence de cette tête, partout où les bas-reliefs du Sérapeum nous ont donné une table d'offrandes, prouve au contraire que, loin de la charger d'imprécations, à la manière des Hébreux, les Egyptiens la conservaient et en faisaient le principal trophée de leurs sacrifices sanglants».[1]

De cette considération particulière qu'on avait pour la tête de bœuf, résulta l'habitude si répandue en Egypte, de laisser un bucrâne dans les hypogées, conjointement ou non avec quelque autre membre de l'animal sacrifié.[2]

Un autre effet de l'importance du bucrâne fut, de tout temps, la confection d'amulettes figurant la tête de bœuf, indépendamment de celles qui représentent soit un bœuf de sacrifice aux jambes liées,[3] soit une jambe coupée de l'animal.[4] M. Flinders Petrie dit, en parlant des tombes préhistoriques: «la plus ancienne forme d'amulette qu'on ait trouvée est le bucrâne»,[5] représenté alors d'une façon assez bizarre dont l'origine, déjà oubliée sous la première dynastie, a été expliquée par une variante trouvée à Abydos:

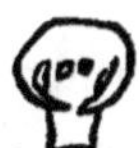 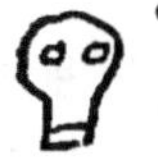 [6]

F.-P. Diospolis parva, pl. IV et p. 26.

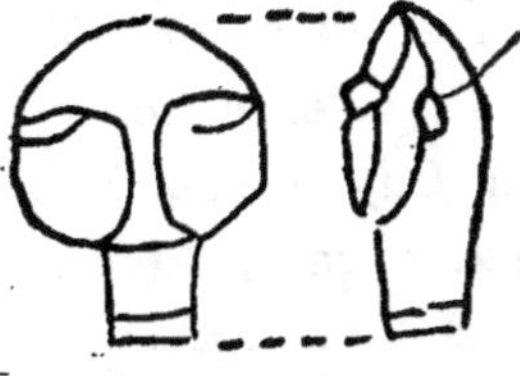  [7]

---

[1] Le Sérapéum de Memphis, t. I, p. 128.

[2] FLINDERS PETRIE, Diospolis parva, p. 32; MARIETTE, Notice des monuments du Musée de Boulaq, troisième édition, p. 38; etc.

[3] GOLÉNISCHEFF, Ermitage Impérial, Inventaire de la collection égyptienne, p. 78; MASPERO, Guide au Musée de Boulaq, p. 275; etc.

[4] FLINDERS PETRIE, Abydos, I, pl. 70.

[5] Id., Diospolis parva, p. 26 et pl. 4.

[6] Id. pl. 4.

[7] FLINDERS PETRIE, Abydos, I, p. 23 et pl. 51, Nos 4 et 5.

«Le Professeur Sayce, dit Miss Alice Grenfell,[1] a dans sa collection un amulette préhistorique qui représente un bucrâne de face, percé pour être suspendu par les yeux, et trouvé dans la tombe du roi �, à Tukh, Nagada. Il a bien voulu me permettre de le copier. L'objet est libyen (?), et ressemble (quoique d'un travail beaucoup plus grossier), au type mycénien du bucrâne qui figure sur la lame d'or d'un écrin trouvé dans la tombe V à Mycènes; il rappelle aussi le type du bucrâne représenté sur le vase de Cæré. Ces trois têtes reproduisent la même faute, c'est-à-dire que les yeux y sont placés trop près et trop haut. Il semble que c'ait été là un type primitif, et le dessin du vase de Cæré (7e siècle avant J. C., — Mr. J. L. Myres) peut avoir été copié sur un original beaucoup plus ancien. Il y a trois exemples de bucrânes de face comme amulette préhistorique à l'Ahsmolean Museum. Celui qui provient d'Abydos (tombe X, 31) est un important spécimen d'un type qui montre l'origine de la forme».

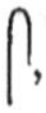

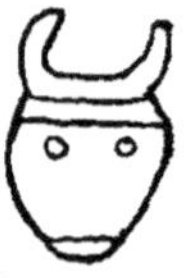

(Amulette de M. Sayce)

A dater de l'ancien Empire, on rencontre le bucrâne sous des formes plus naturelles, soit isolé, soit faisant partie de colliers,[2] ou même de pendants d'oreilles:[3] la grandeur et la matière de l'objet varient, bien entendu. M. Flinders Petrie rappelle, à ce propos, qu'on a trouvé des amulettes semblables en Espagne, en Chypre et à Mycènes: celles d'Espagne en bronze, les autres en or.[4] «Le bucrâne de

---

[1] Proceedings of the Society of Biblical Archæology, Janvier 1902, The Iconography of Bes, and of Phœnician Bes-Hand Scarabs, p. 28—29.

[2] FLINDERS PETRIE, Diospolis parva, p. 38 et 40, Abydos, I, pl. 70, et Abydos, II, p. 30 et pl. 59; Recueil de Travaux, II, p. 156; LORET, Fouilles dans la Nécropole Memphite (1897—1899), Bulletin de l'Institut égyptien, 1899, p. 90; etc.

[3] GOLÉNISCHEFF, Ermitage Impérial, Inventaire de la collection égyptienne, p. 318.

[4] Diospolis parva, p. 26; cf. J. CAPART, Les Débuts de l'art en Egypte, p. 187.

face est commun aussi sur les sceaux cylindriques de Chypre, à dessins grossiers. Il est plus rare sur les cylindres Hittites».[1]

2. — L'affichage du bucrâne.

Un des modes d'utilisation du bucrâne les plus répandus a été l'*affichage*. Les peuples primitifs, et même quelques autres,[2] ne se sont pas fait faute d'exposer les têtes des ennemis vaincus, et aussi les têtes remarquables de divers animaux sacrifiés, tués à la chasse, ou morts de leur belle mort.

«Souvent, a dit Maury dans l'Histoire des Religions de la Grèce antique, en mémoire du sacrifice, celui qui l'avait offert clouait à sa porte la tête de la victime ornée de fleurs (Theophrast. *Charact.*, 21), ce qui se pratiquait surtout si l'on avait immolé un bœuf. Les Romains donnèrent, d'après les Grecs, à ces têtes ainsi clouées, le nom de *bucranium* (βου-κράνιον)».[3] Dans toute l'Afrique noire, on plante souvent à des arbres ou sur des poteaux des cornes de buffles ou d'autres animaux à l'entrée des huttes, aux abords des villages et sur les tombes.[4] «A Malte, on place des crânes de vache sur les maisons, et en Sicile et en Algérie sur les arbres fruitiers, contre le mauvais œil».[5] M. G. B. M. Flamand, a vu dans toutes les oasis algériennes, notamment dans les Zibans et l'Oued R'ir, des têtes de chameaux,[6] de bœufs et de moutons, (aussi bien que des os, fémurs, mâchoires,

---

[1] Miss ALICE GRENFELL, Proceedings, Janvier 1902, p. 28.

[2] HÉRODOTE, VII, 114, 238; EURIPIDE, Bacchantes, vers 1214, 1215, 1238—1240; PLUTARQUE, Vie de Cicéron, 65; MARTHA, Archéologie étrusque et romaine, p. 46—47; GOETHE, Mémoires, première partie, livre I; etc; cf. La Dépêche Algérienne du mardi 15 mai 1906, Maroc.

[3] T. II, p. 90.

[4] Journal of the African Society, January 1906, D:r J. WEISSENBORN, Animal Worship in Africa, p. 167—181: et avril 1906, p. 277—281.

[5] FLINDERS PETRIE, Diospolis parva, p. 26.

[6] Cf. Aboubekr Abdesselam Ben Cheaïb, Notes sur les amulettes chez les indigènes algériens, p. 4 et 5.

etc.), placés sur des branches de palmier au milieu des champs ou attachés par une corde passée dans un trou de suspension au dessus des portes ou sur les murs.

Quant à l'Egypte M. Quibell a publié des dessins archaïques sur ivoire, de portes surmontées par des têtes de béliers ou plutôt de mouflons, qu'il signale comme «bucrania or else rams' skulls»:

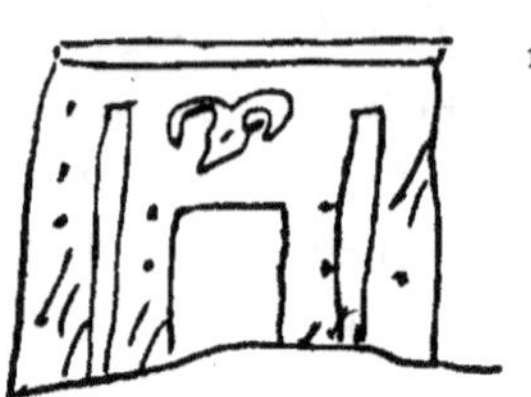

Et il fallait que la coutume fût bien répandue en Afrique vers la même époque, pour qu'un dessin rupestre de la préhistoire algérienne (cercle de Géryville), représente un crâne de mouflon analogue aux dessins reproduits par M. Quibell:

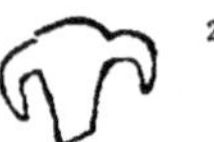

Mais ce mode n'était pas le seul, aux bords du Nil. Il a été fait mention plus haut d'un titre caractérisé dans les hiéroglyphes, par un homme tendant une tête bovine au bout d'un bâton. «Celui qui présente la nourriture».[3] Nombre de mots désignant le repas et le gosier ont aussi pour déterminatif, ou même pour représentant[4] un bucrâne, plus rarement une tête de gazelle[5] ou de bélier,[6] au bout d'un

---

[1] Hierakonpolis, I, pl. 14, p. 7, et II, p. 37.

[2] Capitaine Maumené, Bulletin du comité des Travaux Historiques et Scientifiques, 1901, p. 299—307, Note sur les dessins et les sculptures relevés dans la région entre Laghouat et Géryville.

[3] Mariette, Abydos, III, p. 410; cf. Recueil, XIII, 168.

[4] Naville, Textes du Mythe d'Horus, pl. 3, l. 4; Denkmaeler, III, pl. 276 b; Dendérah, II, 53 c; etc.

[5] Denkmaeler, III, pl. 264—265.

[6] Champollion, Notices, I, p. 677; J. de Rougé, Inscriptions hiéroglyphiques, pl. 93.

bâton destiné à être planté en terre.[1] Ainsi, 𓏭 «manger»;[2] 𓏭 «nourrir»;[3] et 𓏭,[4] 𓏭,[5] 𓏭,[6] mot dont une variante du Todtenbuch est 𓏭,[7] tandis qu'une autre variante figure sur la stèle Metternich dans dans l'expression 𓏭.[8] De ces deux formes, l'une fait allusion à la vie, et l'autre au sacrifice.

Un autre mot encore, *Shet* ou *Shetti*, nom de la capitale du Fayoum, Crocodilopolis[9] (le crocodile *ravisseur?* ou le bassin *creusé?*) était déterminé par la tête de bœuf ou de gazelle plantée sur une chapelle funéraire, 𓏭,[10] ce qui rappelle de près, soit dit en passant, le tombeau lycien représenté dans l'Histoire ancienne de M. Maspero.[11] Ailleurs, les chapelles des dieux pouvaient avoir devant elles comme les pylones des temples, deux poteaux ou mâts, mais sans têtes de victimes.[12]

La particularité de l'affichage sur un bâton reparaît avec l'hiéroglyphe 𓏭, quelquefois 𓏭,[13] que distingue la corde

---

[1] PETRIE, Koptos, pl. 20.

[2] Todtenbuch, ch. 17, l. 66, et ch. 148, l. 13; Denkmaeler, III, pl. 32, 213, 226; CHAMPOLLION, Notices, II, 590, 608; etc.

[3] PIERRET, Etudes égyptologiques, fascicule VIII, p. 130 etc.; Dendérah, II, pl. 15 b, et IV, pl. 75, l. 18; cf. Denkmaeler, IV, pl. 52, et Recueil de Travaux, XIII, p. 168.

[4] Unas, 401 et 562.

[5] Teta, 207.

[6] Todtenbuch, ch. 38, l. 3, ch. 82, l. 5, ch. 142, l. 20; etc

[7] Edition NAVILLE, t. II, pl. 112, ch. 41; cf. id., t. I, pl. 55.

[8] Pl. 5, l. 122—123.

[9] Unas, 529.

[10] Denkmaeler, II, 138; PLEYTE, Mœris, pl. 1 et 3; PIERRET, VIII, p. 49, c. 145; etc.; GOLENISCHEFF, Recueil de Travaux, X, p. 98.

[11] T. III, p. 778; cf. FLACOURT, Madagascar, p. 101.

[12] Stèle de Kouban, l. 18.

[13] Dendérah, I, pl. 23; Denkmaeler, IV, 42 b; LEPSIUS, Décret de Canope, pl. II, l. 3—4; etc.

destinée à rattacher le bucrâne à l'édifice qu'il précédait. Là, ce sont les deux cornes et non la tête complète qui figurent: cependant il y a des exceptions, 〔hiéroglyphes〕,[1] 〔hiéroglyphes〕[2] (on remarquera ici les stries du bucrâne), et 〔hiéroglyphe〕,[3] avec les yeux seulement. Parfois le signe comportait plus d'une paire de cornes 〔hiéroglyphe〕.[4] La variante 〔hiéroglyphe〕, est rare.[5]

L'hiéroglyphe avec la tête entière montre que l'affichage des cornes au moyen d'une corde 〔hiéroglyphe〕 était en rapport assez étroit avec l'affichage ordinaire du bucrâne 〔hiéroglyphe〕. On trouve en effet les deux hiéroglyphes variant l'un avec l'autre pour *am*, «manger»,[6] pour 〔hiéroglyphe〕, «gosier»,[7] pour *aaut, aut*, «bétail»,[8] et pour *aat*, «dignité».[9]

La prononciation du signe 〔hiéroglyphe〕 est *aa-t* 〔hiéroglyphes〕, mot dont un des sens est celui de «support» (peut-être à l'origine «branche»[10] ou «bâton»).[11] Ce mot s'emploie aussi, comme on vient de le voir, pour désigner le bétail, les bêtes à cornes, ou bien encore l'idée de dignité, de fonction, soit, qu'il y ait ici deux mots différents de sens et semblables de forme, soit que les fonctionnaires ou dignitaires aient été considérés, essentiellement, comme ayant le moyen ou le droit de tuer

---

[1] Inscription d'El Khargeh, l. 47; Stèle Metternich, l. 50 et 146; Todtenbuch, ch. 125, l. 5; etc.

[2] CHAMPOLLION, Grammaire égyptienne, ch. 4, § 1er, B.

[3] Recueil de Travaux, III, p. 115.

[4] BRUGSCH, Dictionnaire, p. 32, et Horhotep, 200, 356.

[5] Denkmaeler, III, 13 c et 25 bis p; U. BOURIANT, Etudes dédiées à M. le Dr C. LEEMANS, p. 38.

[6] CHABAS, Les Maximes du scribe Ani, I, p. 112.

[7] PIERRET, Etudes égyptologiques, fascicule I, p. 26.

[8] CHABAS, Mélanges, troisième série, II, p. 30, et BRUGSCH, Supplément au Dictionnaire, p. 32.

[9] Denkmaeler, III, pl. 132.

[10] Horhotep, 200, 256, et 711.

[11] CHAMPOLLION, Notices, I, p. 745.

ou de sacrifier des bœufs. Il arrive parfois, chez certains peuples, qu'un insigne planté devant une maison indique la richesse du propriétaire, comme ces lances dont parlé quelque part Edrisi.[1]

Le même hiéroglyphe est une des caractéristiques d'un dieu qui passe pour le plus ancien que l'on connaisse du panthéon égyptien, où il occupe une place à part. Quelques détails à ce propos ne seront peut être pas inutiles, pour montrer jusqu'à quel point le bucrâne était en honneur dans la haute antiquité africaine.

Le dieu dont il s'agit, et qui offrait aux rois ses ⲯ, ∬ et ◿,[2] est Khem, ⲯ, Khemem, ⲯ, et, avec chute de la gutturale forte (cf. ▨, ⵟ, ⵟ), Men,[3] le dieu de la ville de Khemmis ou Khemmo,[4] aujourd'hui Akhmîm ou Akhmin. Ce dieu, surnommé parfois Hekes,[5] ⵟ,[6] «le Pêcheur», (cf. Priape, dieu des pêcheurs),[7] était adoré aussi et surtout, sur la côte de la mer Rouge, à Coptos, dont le nome s'appelait par syncrétisme ⵟ, «les deux dieux», Horus et Khem. Son culte s'étendait de Khemmis, ⵟ, jusqu'à Thèbes, ⵟ, où il se confondait en partie avec celui d'Ammon, patron des Oasis comme de l'Ethiopie, ⵟ.[8]

L'empire de Khem était en somme assez restreint, en

---

[1] Geographie d'Edrisi, traduction A. JAUBERT, t. I, 213.

[2] Denkmaeler, IV, pl. 3 b.

[3] Teta, 295; cf. Unas, 537.

[4] Hérodote, II, 91 et Diodore, I, 18.

[5] Todtenbuch, édition NAVILLE, II, ch. 17, pl. 41.

[6] Denkmaeler, II, pl. 96.

[7] Anthologie grecque, Epigrammes votives, 193.

[8] CHAMPOLLION. Notices, t. II, p. 143.

Egypte, mais l'Egypte n'était pas son pays d'origine, bien
que la race qui l'adorait puisse être la même que celle des
premiers riverains du Nil. Cette race à lui était la nation
des Madjaiu [1] ou Ma'azeh,[2] peuple berbère d'après M. Chantre,[3]
et nubien (noir par conséquent, mais point nègre, peut-être les
de la stèle de Dongola,[4] qui fournissait
à l'Egypte le personnel de sa gendarmerie, comme les
Mashuash ou Maxyes libyens sa principale milice auxiliaire:
il y avait les Madjaiu de Coptos,
.[5] Khem était ainsi un dieu du pays de Punt,
considéré alors comme la côte africaine de la mer Rouge,[6]
et non comme sa côte arabique ou . Le culte de
Khem, à fêtes bruyantes ,[7] était
célébré à Thèbes par un prêtre noir, un *nehes*,[8] et le dieu,
surnommé le «noir», *Kem*,[9] était parfois peint en noir.[10] Les
Grecs faisaient de Khem, sorte de Cham, un Persée,[11] leur
dieu ou héros éthiopien, par excellence, qui aurait régné sur
les Céphènes, c'est-à-dire d'après Brugsch sur les Phéniciens,[12]
ceux-ci Chamites selon la Bible,[13] et venus de la mer Rouge
ou Pun-t, selon Hérodote.[14]

Ammon, lui, n'apparaît guère sur les monuments de

---

[1] Hymne à Ammon-Ra des papyrus de Boulaq, No 17, l. 4, etc. et
PIERRET, Etudes égyptologiques, fascicule VIII, p. 60, stèle C 30 du Louvre.

[2] MASPERO, La Carrière administrative de deux hauts fonctionnaires, p. 159.

[3] CHANTRE, Recherches anthropologiques en Egypte, p. 217—220.

[4] Denkmaeler, V, pl. 16, l. 35.

[5] VIREY, Sept Tombeaux thébains, p. 208.

[6] FLINDERS PETRIE, Koptos, p. 9.

[7] Denkmaeler, IV, pl. 85.

[8] Denkmaeler, III, pl. 163 et 212.

[9] Denkmaeler, III, pl. 163 et 212.

[10] ROSSI, Il Museo Egizio di Torino, 1884, p. 70.

[11] Hérodote, II, 91.

[12] A History of Egypt, II, Additions, p. 401—404.

[13] Genèse, X, 6 et 15.

[14] I, 1.

l'Egypte qu'à dater du moyen Empire, ainsi que le bélier à cornes rabattues qui le représente, mais ceci n'implique pas la nouveauté en Afrique du culte d'Ammon,[1] puisque son temple thébain date de la troisième dynastie d'après M. Legrain,[2] et que son animal figure avec le disque à uræus dans les dessins préhistoriques de l'Algérie, d'après les constatations de M. Flamand.[3]

De même pour le bœuf, M. Flamand a copié un bovidé à deux plumes, à côté des béliers disqués. De plus, le bœuf figure sur les plus anciennes statues de Khem, celles de Coptos.[4] On ne s'étonnera donc pas si l'animal était en rapport avec le dieu.

C'est ce que montre le groupe ⸗, qui accompagne si souvent Khem dans les hiéroglyphes et sur les tableaux: une hutte pointue, souvenir d'un pays de pluies, c'est-à-dire du haut Nil (mais avec une porte à l'égyptienne) et rattachée à l'hiéroglyphe ⸗, c'est-à-dire à cette façon très spéciale d'afficher le bucrâne, qui se trouve par là une des caractéristiques de Khem dit ⸗, *Khent aat*.[5] Il habitait cette demeure, représentée comme sa tombe dans la Grande Oasis:[6] il y a des cas où les deux cornes sont plantées sur la porte même, ou supportées par le bâton ⸗.[7]

D'après les dessins d'Hiéraconpolis, la suspension des crânes d'animaux est antérieure à Ménès, comme l'a fait remarquer M. Flinders Petrie qui signale, à ce propos, une

---

[1] Cf. FLINDERS PETRIE, Abydos, II, pl. 1.

[2] WALLIS BUDGE, The Egyptian Heaven and Hell, III, p. 17.

[3] FLAMAND C. R. Cong. int. Anthrop. et Ethn. préhist. 1900 — Id. in CL. GAILLARD Bull. Soc. Anthrop. Lyon. p. 99 1902. Id *in* ST. GSELL. Les monument antiques se l'Algérie 1. p. 46. Id *in* CAPART, Les Débuts de l'art en Egypte, p. 197.

[4] FLINDERS PETRIE, Koptos, p. 8 et pl. III, 4.

[5] DE ROCHEMONTEIX, Edfou, t. I, p. 408.

[6] Zeitschrift, 1875, p. 54.

[7] Denkmaeler, III, pl. 175 c, et Edfou, I, p. 408.

curieuse particularité de l'affichage tel qu'on le pratiquait jadis, chez les Libyens d'Egypte.

En 1898—9, M. Flinders Petrie a exploré avec M. Randal Mac Iver, à Hou, l'ancienne Diospolis parva, des tombes de la treizième à la dix-septième dynastie qu'il appelle *Pan-graves*, tombes en forme de cuvettes circulaires ou ovales, et qu'il attribue à des Libyens.

«L'abondance, dit-il, des objets provenant de la 12ᵉ dynastie et la poterie intermédiaire entre la 12ᵉ et la 13ᵉ dynasties montrent que ce peuple doit être venu en Egypte après le déclin du moyen Empire. La présence à Kahun et à Nubt de sa poterie datant environ de la 12ᵉ dynastie, indique la même date, et prouve qu'il était disséminé sur la lisière ouest. du désert dans un espace d'environ 250 milles. C'était un peuple barbare, ne travaillant ni la pierre ni le métal, et dépendant des Egyptiens pour tout, excepté pour la poterie.

Ils étaient en étroit rapport cependant avec les Egyptiens préhistoriques; c'est ce que prouvent:

1°, les *Pan-graves* archaïques qui sont les plus anciennes sépultures préhistoriques;

2°, la poterie rouge et noire, (dite égéenne; [1])

3° la malachite dans les sépultures;

4° les scarabées déposés dans des jarres;

5° les bucrânes sur les constructions;

6° les chiens enterrés dans les cimetières;

7° les jarres de parfums enfouies.

Sur tous ces points, sauf le dernier, il n'y a aucun rapport avec les Egyptiens des temps historiques.

Nous concluons de là que ce peuple était une branche plus récente .de la même race libyenne qui avait formé la population préhistorique de l'Egypte.[2]

---

[1] FLINDERS PETRIE, El Amrah and Abydos, p. 68, et Methods and aims in archæology, p. 159—162.

[2] Cf. Diospolis parva, p. 2.

Les bucrânes ou les crânes de bœufs, de chèvres, etc., préparés pour être peints et suspendus à des murs sont décidément occidentaux.

Au temps de Narmer, juste avant Ménès, un ivoire gravé les représente suspendus au dessus des portes d'un édifice (v. Hierakonpolis I, pl. 14); et au chapitre VI du présent volume,[1] on trouve mentionnés les différents exemples de l'emploi de la tête de bœuf, qui se rattache particulièrement à la Libye et à l'Europe méridionale».[2]

«Nous ne pouvons guère éviter, dit le même auteur avant de citer ces derniers exemples, de les comparer avec les nombreux crânes peints appartenant aux races bovine et ovine qui étaient préparés pour être appendus à des murailles, puis enterrés avec les barbares envahisseurs Libyens après la douzième dynastie, tels qu'ils seront décrits par la suite dans ce volume.»[3]

Cette déscription figure au chapitre XI, celui des Pangraves:

«*Les têtes d'animaux*. — On a trouvé dans un cas une tombe, et dans dix cas des puits séparés, contenant des crânes d'animaux. Tous ces crânes étaient coupés à la partie postérieure, de manière à laisser seulement les os du front et assez pour tenir les cornes en place, voir pl. 39. Tous ou presque tous sont peints de taches ou de raies à l'ocre rouge, ou à la suie noire, tracées avec le doigt. Ils étaient visiblement destinés à être suspendus à des murs. Une fois seulement on a trouvé une tête de bœuf entière, avec les mâchoires. Le plus grand dépôt était dans X 57, contenant 138 têtes de chèvres, 5 de bœufs, 5 de veaux, et une de mouton; elles étaient toutes empilées par rangées, et posées l'une sur l'autre les nez à l'Ouest, les cornes à l'Est, dans

---

[1] Cf. QUIBELL, Hierakonpolis, I, p. 7.

[2] FLINDERS PETRIE, Diospolis parva, p. 48.

[3] FLINDERS PETRIE, Diospolis parva, p. 26.

84

un espace d'environ 70 pouces E. O. et 40 pouces N. S.
On trouva avec une paire de pincettes en cuivre.

Dans 61 il y avait une rangée de têtes de chèvres entassées l'une contre l'autre, et posées contre une jarre avec
une coupe faisant face à l'Est. Dans 62, une rangée semblable, posée contre une jarre, face au S. E.: il y avait avec
une tête des perles bleues. Dans 72, une pareille rangée de
têtes de chèvres, face au S. O., un bol renversé par dessus.

Il y avait de plus petits groupes dans X 23, 5 têtes de
chèvres et 2 de bœufs; dans 47, 3 de chèvres et 3 de moutons, entassées sur les côtés E. et S. d'une jarre; dans 49,
tête d'un jeune veau, de 2 gazelles, de 5 chèvres, d'un
chevreau et de 2 moutons, avec une coupe et une pierre à
moudre; dans 65, tête d'un bœuf, de 8 chèvres et de 2
moutons, avec un pot à kohl usé, un polissoir et un bol;
dans 71, 2 têtes de bœufs, une de veau, une de mouton, et
quelques têtes de chèvres, avec une jarre. Le nombre des
têtes dans ces dépôts varie donc beaucoup, mais il y en a
toujours une demi-douzaine ou davantage, et ordinairement
une ou deux têtes de bœuf avec celles d'animaux plus petits.
Ces tas réguliers de têtes ne se trouvent jamais dans une
tombe, mais toujours dans un dépôt séparé».[1]

Par contre, dans les tombes purement égyptiennes du
même endroit comme de la même époque, et par là en relation étroite avec les Pan-graves, «les os d'animaux et généralement de gazelle étaient communs, et il s'est rencontré
plusieurs exemples de bucrânes polis et peints».[2]

M. Flinders Petrie a publié les spécimens suivants des
crânes déposés dans les puits de Diospolis parva:[3]

---

[1] Diospolis parva, p. 46.
[2] Id. p. 51.
[3] Id., pl. 39.

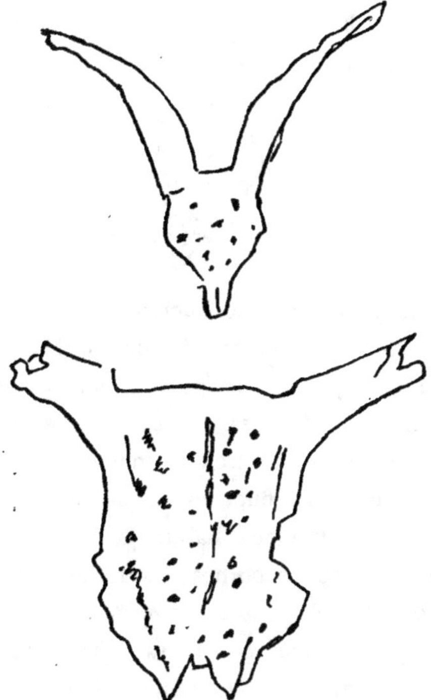

Il est à remarquer que les rayures du bucrâne apparais-
sent aussi, du moins le semble-t-il bien, sur une table d'offrandes, très ancienne, trouvée à Hieraconpolis:[1]

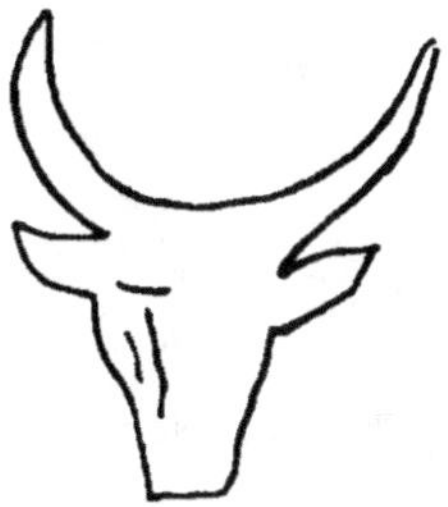

Peut-être pourrait on considérer encore comme une
imitation de ce type, un os de crocodile taillé en forme de

---

[1] QUIBELL, Hierakonpolis, I, pl. 2.

bucrâne et pointillé,[1] qui provient du téménos Abydénien d'Osiris, et dont la date reste à fixer:

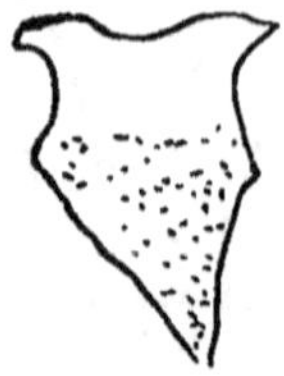

Inutile d'ajouter que le bucrâne était exposé ou reproduit, dans les cas mentionnés ici, comme décoration, trophée, ou mémorial, σημηίου ἕνεχεν,[2] et surtout comme phylactère. C'était notamment, et c'est encore en de nombreux pays africains, un amulette contre le mauvais œil, les mauvais esprits, les mauvaises influences, au même titre que les cornes en terre cuite des vieux habitants de la Susiane,[3] et que la petite main faisant les cornes des Italiens d'aujourd'hui.

« *Taurus ferit uncis cornibus hostem.*[4] »

Voici, d'après Cameron et Schweinfurth, quelques aspects de l'affichage des massacres de buffles, d'antilopes, ou d'autres animaux tués à la chasse, dans les villages de l'Afrique centrale:

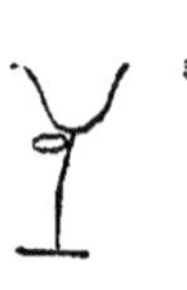

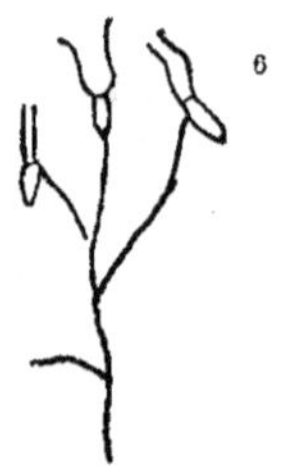

[1] FLINDERS PETRIE, Abydos, I, pl. 53, 1, et p. 25.

[2] Hérodote, II, 41.

[3] Délégation en Perse, Mémoires publiés sous la direction de M. J. DE MORGAN, t. VIII, p. 88.

[4] Properce, II, Elégie 5, vers 19.

[5] CAMERON, A travers l'Afrique, traduction française, p. 73.

[6] Id., p. 338; cf. p. 440, et STANLEY, Comment j'ai retrouvé Livingstone, traduction française, p. 196.

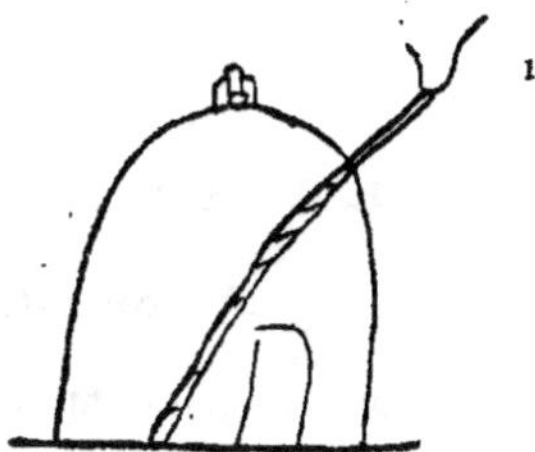

La figure suivante est une perche votive plantée, avec d'autres du même genre, sur un tombeau de chef:

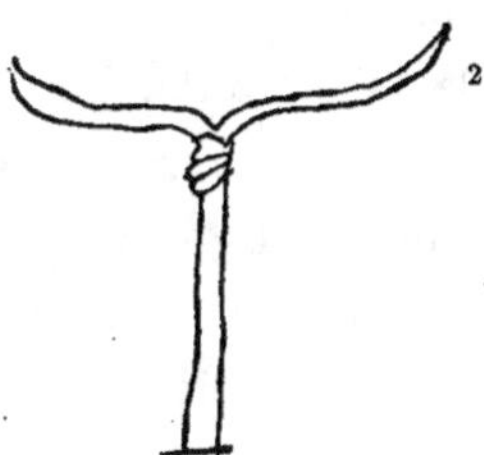

(Schweinfurth a signalé la différence qui peut exister entre les cornes des élans, dans une même race,

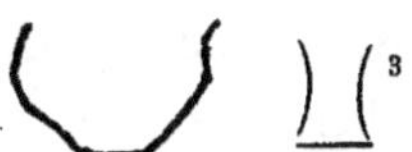

La corne magique des féticheurs est bien connue: l'un de ces sorciers, observé par Cameron, vendait des fétiches dont «l'un des plus demandés était une corne remplie de boue et d'écorce, et dont l'extrémité inférieure portait trois petits cornillons».[4]

---

[1] SCHWEINFURTH, Au cœur de l'Afrique, traduction française, t. II, p. 335: cf. p. 173—174, et t. I, p. 276, 417, 458, 459.

[2] Id., t. I, p. 275.

[3] Au cœur de l'Afrique, t. II, p. 211.

[4] A travers l'Afrique, p. 440.

II.

L'Allégorie.

1. — L'effet du rite.

Il existe des cas où la suspension du bucrâne apparaît, assez nettement, avec un caractère sacrificiel ou religieux qui n'a pu manquer de donner naissance à des allégories speciales.

L'une de ces allégories concerne le dieu Khem, si intimement associé à Ammon.

On sait que le bélier d'Ammon était immolé et adoré à la fois, comme nous l'apprend Hérodote,[1] et en général, dans la haute antiquité, l'Egypte pratiquait le sacrifice du bélier,[2] ainsi que le montrent certaines variantes du mot *Khen,* écrit tantôt par le bélier entier[3] tantôt par le bélier décapité; la tête de bélier pouvait varier avec le bucrâne sur un pieu, comme on l'a vu, ou sans pieu;[4] bien des fois la tête du bélier solaire figure affichée sur un bâton, dans les scènes et les textes thébains relatifs à l'autre monde.[5] Sur les pierres gnostiques, le lion a souvent à la bouche «une étoile, une tête de bélier, une tête de bœuf ou quelque autre objet», par exemple, une abeille.[6]

Ceci posé, il y a grande apparence que l'animal sacré de Khem, un taureau blanc et probablement lunaire,[7] était sacrifié comme l'animal sacré d'Ammon, Khem et Ammon

---

[1] II, 42.

[2] Cf. Pepi I, 222.

[3] CHAMPOLLION, Notices, II, p. 480, et DE ROUGÉ, Mémoire sur les six premières dynasties, p. 90.

[4] PIERRET, Etudes égyptologiques, fascicule VIII, p. 60.

[5] CHAMPOLLION, Notices, t. II, p. 477, 528, 622; Sarcophage de Ramsès IV; etc.

[6] MATTER Histoire critique du Gnosticisme, t. III, p. 67—69; pl. V, 1; pl. II, B 8 et pl. IV, 1; cf. id., pl. IV, 7.

[7] BRUGSCH, Revue égyptologique, I, p. 28; MASPERO, Mémoire sur quelques papyrus du Louvre, p. 73—74; Pistis Sophia, traduction E. AMÉLINEAU, p. 186.

étant deux dieux similaires, peut-être le même type dédoublé. Apis et Bacis avaient le même sort que le bélier Ammonien, c'est-à-dire qu'ils étaient à la fois *honorés* et *sacrifiés*, en vertu d'une conception très répandue,[1] et si par extraordinaire il n'en allait pas de même pour l'animal de Khem, au moins le taureau, encore vénéré en Afrique au temps de la domination byzantine (cf. le taureau de Gurzil),[2] était-il en grand honneur dans le culte de Khem. L'hiéroglyphe des deux cornes, 𓉢, l'a déjà montré.

On pourra donc, ici, songer au taureau ou aux taureaux de Khem pour expliquer la fable d'Aristée que les anciens disaient particulière à l'Egypte. D'après cette fable, dont M. Virey a retrouvé le sens ésotérique, des abeilles pouvaient naître d'un taureau enseveli.[3] Or le sacerdoce de Khem comprenait, indépendamment d'un noir *nehes*, et d'un 𓃻,[4] deux classes de prêtres dits les *Nubu*, ou «gens de l'or», peut-être les Nubiens (les textes mentionnent l'or de Coptos, 𓈖,[5] avec le préposé ou 𓂢 chargé de la recevoir),[5] et les 𓆣,[6] 𓆼 *Afu*, *Aft-(u)*, «mouches», un des noms de l'abeille, comme en français. Les Afu figuraient en particulier, au commencement de Pachons, à la fête des moissons, dont Khem était le dieu sous la forme de son taureau, car les

---

[1] Cf. Congrès des Orientalistes tenu à Leide en 1883, deuxième partie, Section I, Sémitique, Mémoire posthume de M. Dozy, contenant de nouveanx documents pour l'étude de la religion des Harraniens, achevé par M. J. DE GOÈGE, p. 362—363.

[2] CORIPPUS, Johannide, II, 111, etc.

[3] Le Tombeau de Rekhmara, p. 73, 89—96, et l'Episode d'Aristée; cf. PORPHYRE, De Antro Nympharum, 18.

[4] Dendérah, IV, 33.

[5] VIREY, Sept. tombeaux thébains, p. 206 et 208.

[6] Denkmaeler, III, pl. 162.

[7] Dendérah, IV, pl. 33.

Egyptiens, suivant Diodore,[1] adoraient le taureau à cause de l'agriculture, et du blé, dont ils célébraient la récolte avec de grandes lamentations. Le sacrifice pour la moisson, c'est-à-dire pour l'abondance des productions annuelles, a pu métaphoriquement être considéré comme donnant naissance aux abeilles, emblèmes d'abondance, et ainsi la production des abeilles par le taureau aurait eu sa raison d'être.[2]

L'affichage du bucrâne devant la hutte de Khem, dieu des Afu, vient à l'appui de cette explication. D'après Hérodote, on ensevelissait les bœufs à fleur de terre, en laissant dépasser les cornes,[3] renseignement auquel s'ajoute le dire d'Antigone de Caryste que, si l'on sciait les cornes de l'animal enfoui, il en sortait des abeilles:[4] les cornes sciées, ce seraient celles de l'affichage, Υ, les abeilles, ce seraient l'emblème des *Afu* (les mouches sacerdotales), et par extension des âmes humaines renaissant en abeilles par la vertu du taurobole.

Comme certaines mouches très semblables aux abeilles pondent dans le corps des animaux morts, il sort par conséquent de ces cadavres des essaims semblables à des abeilles. La fable égyptienne a été sans doute grandement appuyée par là. Elle était très répandue, et Démocrite, contemporain d'Hérodote, la connaissait déjà.[5] Les Grecs avaient dû l'apprendre de leurs interprètes à l'époque saïte: elle a dû passer aussi à Cyrène, puisque Aristée était le grand dieu Cyrénéen, et qu'il tenait de Protée, dieu égyptien, le procédé de la bugonie;[6] elle a même été acceptée par les Carthagi-

---

[1] Diodore, I, 21.

[2] Cf. Premier Congrès de l'Histoire des Religions, Deuxième partie, fascicule I, p. 14.

[3] II, 41.

[4] Antigone de Caryste, 23, cité dans Gvalterus Robert-Tornow, De apium mellisque apud veteres significatione, p. 21—22.

[5] COLUMELLE, De Re rustica, IX, 14.

[6] VIRGILE, Géorgiques, IV, 317—358.

nois, dont le grand agronome, Magon, l'a mentionnée dans son ouvrage.[1]

On remarquera qu'aux temps préhistoripues le bucrâne a été l'une des plus anciennes formes, «the oldest form»,[2] même, et la mouche l'une des formes les plus fréquentes de l'amulette, «a favourite amulet was the fly».[3]

Si la bugonie représente l'abondance annuelle des récoltes, obtenue comme résultat d'une immolation, Υ, elle indique par là même le rapport établi par les Egyptiens entre le sacrifice et la marche des phénomènes naturels, conception dont on apercevra facilement la portée sociologique.

C'était la puissance du rite qui passait pour régulariser le cours des choses, célestes ou terrestres, comme l'a expliqué Chabas, dans Les Maximes du scribe Ani:

«D'après les idées en cours à l'époque pharaonique, le maintien de l'ordre physique de l'univers et la conservation des liens sociaux étaient liés à l'accomplissement des cérémonies religieuses. Ainsi, dans leurs imprécations, les magiciens du temps ne parlaient pas seulement d'éteindre le soleil, et de renverser la terre, il leur suffisait souvent de formuler la menace de la cessation du culte. Voici une de ces formules que je rencontre dans le papyrus n° 6 de M. Mariette. Elle 'a pour objet de délivrer un malade d'une infection morbide qui a envahi tous ses membres et que le magicien assimile à Bast, la terrible déesse de la destruction et de la vengeance divine; en voici la teneur: «si tu ne sors pas de bon gré, ô Bast, qui es dans les membres d'un tel, fils d'une telle, je ne laisserai plus accomplir l'adoration de la majesté des dieux, ni aucun encensement le jour des panégyries».[4] Faisons encore observer que parmi les malheurs

---

[1] COLUMELLE, IX, 14.

[2] FLINDERS PETRIE, Diospolis parva, The Cemeteries of Abadiyeh and Hu, 1898—9, p. 26.

[3] Id., p. 26.

[4] Cf. ARISTOPHANE, Les Oiseaux.

qu'entraine l'anarchie, le renversement de l'autorité, l'invasion
étrangère, les historiens égyptiens font toujours mention en
première ligne de la désorganisation du culte, et en particulier de la cessation des offrandes. C'etait le plus grand
malheur qui pût frapper le pays».[1]

Pour appuyer cette explication par un nouvel exemple
et par un cas spécial, on peut rappeler ici que, dans sa mesure, le taurobole assurait la durée des édifices, grâce aux
bucrânes déposés dans les fondations.[2] Ainsi, aux temples
d'Abydos, «in each deposit was an ox-head», sous Pepi, à
la sixième dynastie;[3] à la douzième dynastie, «the system
of deposits was greatly expended by Usertesen I», et: «the
ox-head is always present, and some long bones, but no
vertebræ or ribs».[4] Sous le nouvel Empire, par exemple aux
temps de Thotmès III[5] et de Ramsès III,[6] le bucrâne continue à faire partie des dépôts de fondation, et son emploi
comme tel persiste à l'époque saïte.[7]

On trouve chez les anciens plusieurs exemples de l'importance attachée par eux au sacrifice des animaux de l'espèce
bovine. Plutarque s'exprime ainsi, dans la quatrième de ses
Questions Romaines:

«Pourquoi dans toutes les autres chapelles de Diane
fixe-t-on religieusement à la muraille des cornes de cerf, et
dans celles du mont Aventin, des cornes de bœuf?

Est-ce en commémoration d'un fait qui remonte à une
haute antiquité? On rapporte que chez les Sabins il était
né dans l'étable d'Antron Coratius une génisse d'une beauté
et d'une grandeur extraordinaires. Un devin lui ayant dé-
claré qu'à celui qui en l'honneur de Diane immolerait cette

---

[1] CHABAS, Les Maximes du scribe Ani, I, p. 36.
[2] Cf. FLINDERS PETRIE, Methods and aims in Archæology, figure 46.
[3] FLINDERS PETRIE, Abydos, II, p. 20 et pl. 62.
[4] Id.
[5] Id., pl. 63, et Koptos, pl. 16.
[6] Abydos, II, p. 19.
[7] Abydos, I, p. 32 et pl. 70.

génisse sur l'Aventin, il serait réservé de voir sa cité la plus grande de toutes et maîtresse de l'Italie entière, Antron vint à Rome, dans le dessein de sacrifier sa génisse. Mais un de ses domestiques avait secrètement donné avis de la prédiction au roi Servius Tullius, qui à son tour, en informa Cornélius, le grand prêtre. Cornélius prescrivit à Antron de se laver dans le Tibre avant de procéder au sacrifice, disant que c'était une loi imposée à ceux qui voulaient accomplir convenablement, cet acte religieux. Le Sabin s'en alla pour se baigner, mais Servius, ayant pris les devants, immola la génisse à la déesse, et fixa dans le temple les cornes de la victime. Tel est le récit de l'historien Juba et de Varron».[1] D'après une autre légende, d'origine grecque, Jupiter ne se montra pas moins prévoyant. Quiconque aurait brûlé les entrailles d'un certain taureau monstrueux, devait pouvoir vaincre les dieux eux-mêmes, et Briarée ayant immolé l'animal allait brûler ses entrailles, quand Jupiter les fit enlever par le Milan qu'il plaça en récompense au nombre des constellations:

> *Quid dederit volucri, si vis cognoscere cœlum :*
> *Saturnus regnis ab Jove pulsus erat.*
> *Concitat viatus validos Titanas in arma,*
> *Quæque fuit fatis debita, tentat opem.*
> *Matre satus Terra, monstrum mirabile, taurus*
> *Parte sui serpens posteriore fuit.*
> *Hunc triplici muro lucis incluserat atris*
> *Parcarum monitu Styx violenta trium.*
> *Viscera qui tauri flammis adolenda dedisset,*
> *Sors erat, æternos vincere posse deos.*
> *Immolat hunc Briareus facta ex adamante securi :*
> *Et jamjam flammis exta daturus erat,*

---

[1] Traduction VICTOR BÉTOLAUD, t. II, p. 9 et 10; cf. TITE LIVE, I, 47.

> *Jupiter alitibus rapere imperat: attulit illi*
> *Milvius, et meritis venit in astra suis.*[1]

Une autre constellation consacré à un animal de sacrifice, celle du Bélier substitué à Phrixus qui devait être immolé pour le bien des récoltes, continue depuis à favoriser la végétation:

> *Phrixeus roseo producat fertile cornu*
> *Ver Aries.*[2]

Dans la même légende, Jason eut à dompter des taureaux d'une nature spéciale, *igniferos tauros,*[3] pour pouvoir s'emparer de la toison d'or du Bélier.

D'après les Egyptiens, la puissance du sacrifice faisait descendre le feu du ciel, mythe rappelant celui qui a été étudié par Kuhn dans un livre jadis célèbre: certains tableaux du temps de Khunaten montrent les mains du soleil qui viennent saisir l'offrande.[4] On voit aussi, dans la Bible, le feu descendre du ciel soit par l'effet du sacrifice, soit par l'effet du sacrifice et de la prière, soit par l'effet de la prière seule.[5]

«Cette même oraison attire du ciel en terre le feu (qui de sa nature monte en haut), pour mettre en cendre à la prière d'Elie les cinquante soldats de l'impie Achab. Elle arrête le soleil au milieu de sa course par la bouche de Josué; et par cette merveille, selon que le remarque l'Ecriture (Josué, X, 14), elle fait un autre miracle rendant Dieu obéissant à l'homme».[6]

---

[1] OVIDE, Fastes, III, vers 795—808.

[2] CLAUDIEN, Eloge de Stilicon, II, vers 463—464.

[3] VALERIUS FLACCUS, Argonautiques, VIII, vers 340; cf. PINDARE, Quatrième Pythique.

[4] BOURIANT, LEGRAIN et JÉQUIER, Monuments pour servir à l'étude du culte d'Atonou, pl. 1, 18, 32, 40, etc.

[5] I Chroniques, VII, 1 et XXI, 26, I Rois, XVIII, 38 et II Rois, I, 10, 12, 14.

[6] Traité de la perfection du chrétien, par le cardinal de Richelieu, ch. 27.

2. — Le taureau de l'enfer.

Une nouvelle allégorie, relative au sacrifice et au bucrâne, n'a plus trait à la fertilité annuelle, comme celle qui concerne le dieu Khem, elle nous conduit à un ordre d'idées tout différent, qu'on verra se développer peu à peu avec les exemples qui vont suivre.

On trouve, aux textes des Pyramides, la barque du Soleil ayant à la proue une tête de gazelle,[1] et c'est avec cette tête accolée à sa variante la tête de bœuf, que la barque du dieu Memphite Sokaris a été figurée jusqu'aux derniers temps.[2] Dans la bari de Sokaris, la tête de bœuf est en avant, avec une corde,[3] destinée originairement à traîner la barque,[4] placée par la suite sur un traîneau. La même tête a la langue pendante, là, et aussi quand elle figure au haut des naos osiriens, sous le nouvel Empire.[5] Au sarcophage de Séti Ier, quatre têtes de gazelles sont suspendues au plafond du naos, dans la scène d'Osiris et du porc.[6] Au temple abydénien du même roi, un bucrâne surmonte la châsse de l'épervier accroupi.[7] Sous Ramsès II, comme à la basse époque, un bucrâne est fixé en grande pompe au haut de piliers consacrés à Tum d'Héliopolis, et c'est «l'exaltation du taureau d'An, [hieroglyphs]. générateur des dieux», par le pharaon,[8] (peut-être après la mort ou le sacrifice du Mnévis). Au temps de Ramsès III, dans l'allée à ciel ouvert

---

[1] Pepi II, 630; cf. Recueil de Travaux, XXV, p. 210 et pl. A.

[2] BRUGSCH, Revue égyptologique, I, Etudes géographiques, p. 46.

[3] Denkmaeler, IV, 42 a.

[4] Cf. FLINDERS PETRIE, Royal Tombs, I, pl. XVII, 26; et Dendérah, IV, pl. 85 a.

[5] Denkmaeler, III, pl. 63, et Papyrus de Nebqed.

[6] Bonomi et Sharpe, The alabaster sarcophagus of Oimeneptah I, pl. 5; cf. CHAMPOLLION, Notices, II, p. 495.

[7] GOLÉNISCHEFF, Recueil de Travaux, X, p. 98.

[8] Denkmaeler, III, pl. 147, et IV, pl. 47.

qui conduit à l'hypogée royal, quatre têtes de victimes se faisant face deux par deux, furent sculptées dans le roc:[1]

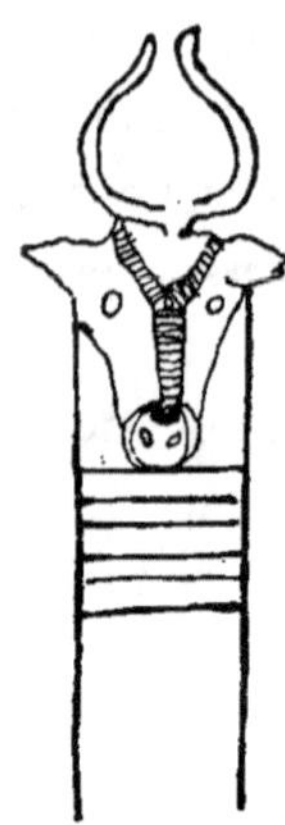

On remarquera les bandes (ou cordes) qui strient ici le bucrâne.

La tête même des Apis, dont l'imitation en terre cuite, avec l'uræus au front,[2] recevait un culte chez les particuliers aux basses époques,[3] échappait d'autant moins à l'affichage que le dieu pouvait être immolé; aussi lit-on dans les formules des pyramides que le roi, «en son nom d'Eleveur de tête, élève la tête du bœuf Apis, en ce jour de lacer le taureau»:[4]

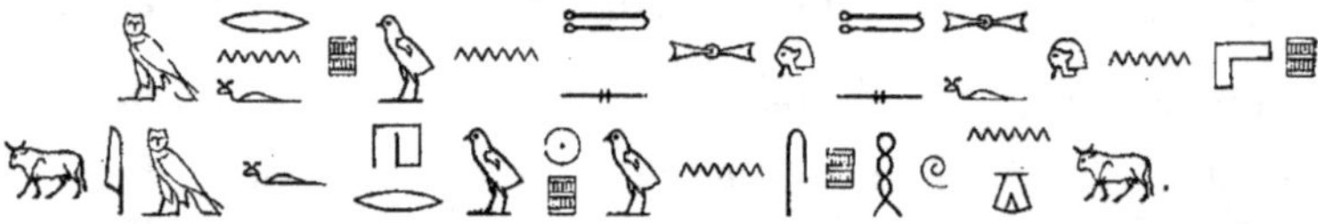

Comme il arrive encore assez souvent en Afrique,[5] la victime passait plus ou moins complètement par le feu,[6] dans

---

[1] CHAMPOLLION, Notices, I, p. 404: cf. VIVANT DENON. Voyage dans la basse et dans la haute Egypte, quatrième édition, 1803, t. III, p. 100, et Atlas, pl. 61, 12.

[2] Cf. Dendérah, IV, pl 21.

[3] Proceedings of the Society of Biblical Archæology, décembre 1904, Miss MURRAY, A Roman Terra-cotta, p. 294.

[4] Unas, 423, 424, et Teta, 242—243.

[5] J. WEISSENBORN, Journal of the African Society, avril 1906, p. 277—280.

[6] HÉRODOTE, II, 39—41; cf. id., 47.

le sacrifice, égyptien, au moins lorsqu'elle était considérée comme typhonienne, c'est-à-dire comme ennemie. L'odeur de la graisse brulée des taureaux montait alors vers le ciel, jusqu'au nez des dieux,[1] et l'uræus de la flamme crépitait dans leurs membres.[2] Les scribes s'amusèrent, dès le début, à exprimer la lutte du taureau et du feu en petites énigmes, analogues à celles qui remplissent le Rig-Véda. Ils disaient par exemple «l'œil d'Horus» ou bien «le serpent», pour «le feu», qu'ils représentaient en outre comme «sorti de l'eau»,[3] devinette naïve: on trouve en effet le même feu du sacrifice appelé »cette flamme née du ciel, qui se nourrit d'entrailles»,[4] et quel égyptologue peut ignorer que le ciel égyptien était de l'eau?

Aux pyramides, la crémation de la tête des victimes est, à ce qu'il semble, figurée assez souvent en déterminatif d'un mot ⸻, ⸻, désignant l'hostilité, par une tête de taureau surmontée de l'uræus, emblème du feu.[5] Ailleurs le même mot, qui rappelle ⸻ [6] et ⸻,[7] «tête», est déterminé à l'habitude par le bucrâne ou par tout le baste (rarement par le bucrâne sur un pieu, ⸻ [8] ou par une tête de bélier),[9] le tout sans la flamme, mais le mot est pris quand même en mauvaise part, sauf dans un petit nombre de cas.[10] Aux hypogées royaux de Thèbes,

---

[1] Recueil de Travaux, XXIII, 1901, cf. LEGRAIN, Le Temple et les Chapelles d'Osiris à Karnak, p. 164 et 168—169.

[2] Dendérah, IV, pl 85 b.

[3] Teta, 322—323, Pepi I, 728.

[4] Denkmaeler, IV, pl. 46 a, l. 14; cf. Sphinx, VIII, p. 2.

[5] Unas, 456, Pepi I, 30.

[6] Teta, 323.

[7] BRUGSCH, Supplément au Dictionnaire, p. 1384.

[8] Id., p. 1370, et CHAMPOLLION, Notices, II, p. 672.

[9] MASPERO, Trois années de fouilles, p. 162.

[10] Stèle Metternich, pl. 2, l. 12; Recueil de Travaux, VIII, p. 162; etc.

certains damnés ont un brasier sur la tête;[1] de même, dans le roman démotique de Setna, le héros puni doit rapporter le livre de Ptahneferka avec un brasier de feu sur la tête.

Mais il y a plus. Tout à l'entrée des tombes royales de Thèbes, au début du grand texte inaugurant l'arrivée solennelle des pharaons Soleils et Osiris dans l'autre monde, le Soleil descend la pente de l'Hadès entre un serpent, un crocodile et deux têtes de taureau, ou de gazelle suivant les tombeaux, placées l'une à droite, l'autre à gauche, et surmontées chacune d'une flamme.[2] De même, à la onzième heure nocturne de l'une des compositions décrivant l'enfer, alors que le Soleil est sur le point de se lever, un sacrificateur est réprésenté dans l'acte de verser du feu sur un bucrâne qui surmonte un pieu accompagné d'un couteau: le sacrificateur s'appelle *Besi*, «le Brûleur».[3] Ainsi, le bucrâne du sacrifice figure au lever et au coucher du Soleil: de là le rôle emblématique de la tête ou du buste de taureau.

Le rôle dont il s'agit s'accuse dans mainte représentation. L'une, entre autres, au tombeau de Ramsès VI, montre quatre têtes de taureaux disquées, à la bouche de l'une desquelles un buste de gazelle à bras humains apporte un disque, voisin de l'hiéroglyphe de l'ombre, ; chacune des autres têtes a près de la bouche le même hiéroglyphe: dans un duplicata incomplet de ce tableau, une des têtes disquées a près de la bouche une étoile; les autres n'ont rien.[4] Là, le taureau est censé engloutir le soleil, les étoiles et les ombres, à l'horizon.

Une figuration assez connue de l'horizon est le très an-

---

[1] CHAMPOLLION, Notices, II, p. 591, 592 et 597.

[2] Denkmaeler, III, pl. 134 a, et tombeaux pe Ménépthah, de Ramsès III et de Ramsès X.

[3] BONOMI et SHARPE, The alabaster Sarcophagus of Oimeneptah I, pl. 11, B.

[4] CHAMPOLLION, Notices, II, p. 570.

cien hiéroglyphe des deux moitiés de taureaux accolées,[1] groupe qui varie avec les deux lions de l'horizon:[2] dans une forme remarquable du signe (qui peut s'abréger en deux tê- tes de bœuf),[3] un buste de lion se combine avec un buste de taureau ou avec un buste de gazelle.[4]

L'idée la plus nette du bucrâne désignant l'Est et l'Ouest, est donnée par une scène du second Amtuat, au sarcophage de Séti I: l'enfer y a l'aspect d'une très longue barque, appelée la Barque de la Terre, que terminent deux têtes de taureau, l'une à la proue, l'autre à la poupe, et que des dieux momifiés soutiennent. Le texte qui la concerne est suffisam- ment clair:

«Les dieux infernaux remorquent ce dieu (le Soleil), qui arrive à la barque de la terre, au navire des dieux. Ra leur dit: O dieux qui portez la barque de la terre, [hieroglyphs], qui soutenez le navire de l'Enfer, [hieroglyphs], redresse- ment à vos formes, lumière à votre nef! Saint est celui qui est en elle, la barque de la Terre. Retournez pour moi le navire de l'enfer,[5] soutenez ma forme! Plaise à vous que je franchisse le lieu mystérieux pour faire les choses de ceux qui l'habitent et de l'Ebranleur de la terre (le gardien de cette région). L'Ebranleur de la terre acclame l'Ame quand le double taureau l'absorbe,[6] et que le dieu se place dans ce qu'il a créé. Les dieux disent à Ra: Gloire au Soleil! son âme est enveloppée dans le dieu de la Terre!»

[hieroglyphs]

---

[1] Unas, 527.

[2] J. DE ROUGE, Edfou, pl. 24 et 30.

[3] Pepi I, 496.

[4] DE MORGAN, Ethnographie préhistorique et tombeau royal de Né- gadah, p. 169.

[5] Cf. PIERRET, Etudes égyptologiques, fascicule VIII, p. 61; et Papy- rus Hood, pl. 2, l. 13.

[6] Cf. L'Ap-ro de Seti Ier, l. 77—83.

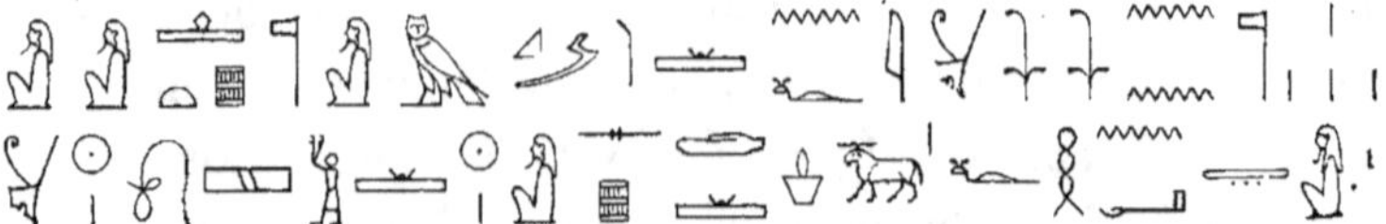

Ainsi la barque du Soleil pénétrait dans une autre barque, celle de la Terre, comme le montre sa corde traversant la bouche des taureaux, en analogie avec la corde qu'on voit à la barque de Sokaris. La nef où entre le soleil est ici la terre considérée comme flottant sur l'Océan universel, le Nun, c'est-à-dire l'éther.

A côté de chaque bucrâne, dans le tableau, il y a sur le plat de la barque-terre un taureau noir, preuve que le bucrâne n'est pas là un simple ornement, mais bien l'image du taureau sacrificiel et infernal qui représentait la terre, comme le faisait Osiris. Osiris représentait la terre, puisque sa momie entourait l'Hadès, [hiéroglyphes][2] et il était aussi le taureau infernal (comme Bacchus taurocéphale, bugène, mort, démembré,[3] etc.), puisqu'à la première ligne du premier chapitre du Todtenbuch, il est interpellé par Thoth en ces termes: «O Osiris, taureau de l'Amenti», c'est-à-dire du pays des morts, de l'Hadès: [hiéroglyphes][4] C'est donc à lui que s'adresse dans la Litanie solaire consacrée aux formes de Ra et d'Osiris, une invocation au *Nourricier* taurocéphale, [hiéroglyphes], dont le corps nourrit les habitants de l'enfer.[5] Un autre taurocéphale, dans la même Litanie, s'appelle Ameni,[6] nom à plusieurs sens dont l'un désignait le taureau *journalier*[7] du sacrifice.

---

[1] Bonomi et Sharpe, The alabaster Sarcophagus of Cimeneptah I, pl. 3, A.

[2] Id., pl. 15.

[3] Plutarque, De Iside et Osiride, 35, et De Ei apud Delphos, 9; Clément d'Alexandrie, Cohortativ ad gentes; etc.

[4] Cf. Champollion, Notices, II, p. 599 et 627.

[5] Naville, La Litanie du Soleil, p. 18 et pl. 6, l. 36.

[6] Id., Pl. 5, 27 et 37, l. 52.

[7] Pepi I, 202, et Pepi II, 938; cf. Sphinx, VIII, p. 8.

Une cause qui a dû faciliter la comparaison de la terre à une barque ayant des têtes de taureaux, c'est que, aux temps préhistoriques, les barques avaient maintes fois pour enseignes des cornes bovines,

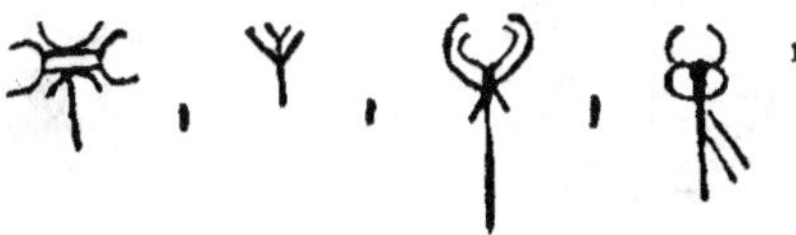

Il est parlé, au Calendrier Sallier, de l'installation de l'hiéroglyphe des cornes à l'avant de la barque solaire, le 11 Paophi.[2]

Ces différents exemples n'épuisent nullement la série des cas où s'accuse l'importance attribuée au bucrâne. Ainsi, outre son affichage avec le soleil entre les cornes en déter- minatif du mot *am*, «bâton, ⟨⟩ [3]» et dans certaines va- riantes du signe [4], on le voit sur les plafonds de quel- ques tombes, tacheté, rayé, comme les bucrânes de Diospolis parva, et ayant un disque entre les cornes:

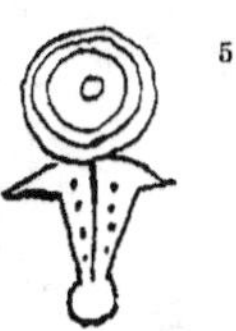

La même figure sert à composer une scène intéressante, dont l'ébauche figure sur quelques scarabées d'un Bès entre

---

[1] DE MORGAN, Ethnographie préhistorique et tombeau royal de Néga-dah, p. 93; FLINDERS PETRIE, Nagada, pl. 63, et Diospolis parva, pl. 4 et p. 26.

[2] Cf. CHAMPOLLION, Notices, II, p. 586, et BRUGSCH, Dictionnaire, p. 1066.

[2] BRUGSCH, Dictionnaire géographique, p. 1095.

[4] Denkmaeler, II, pl. 135, et III, pl. 46.

[5] Mémoires publiés par les membres de la mission archéologique fran-çaise au Caire, Tome cinquième, 3e fascicule, G. BÉNÉDITE, Le Tombeau de Neferhotpou, pl. 6.

un bucrâne et un crocodile,[1] ou d'un bucrâne entre deux lions,[2] scarabées qui rappellent d'une part le début de la Litanie, d'autre part l'hiéroglyphe de l'horizon:

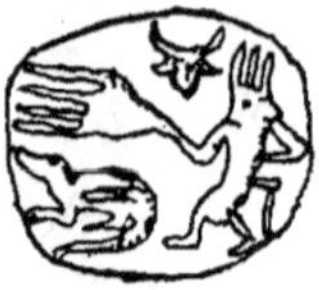 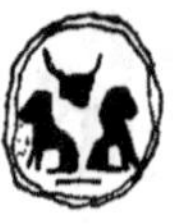

La scène dont il est question associe intimement le bucrâne au soleil: elle se rencontre aux sarcophages des prêtres et prêtresses d'Ammon trouvés par M. Grébaut à Déïr el-Bahari en 1893. Non signalée encore, semble-t-il, elle a été copiée avec ses variantes par M. Virey, qui a eu l'obligeance d'en autoriser la publication.

Les dessins de M. Virey sont au nombre de cinq:

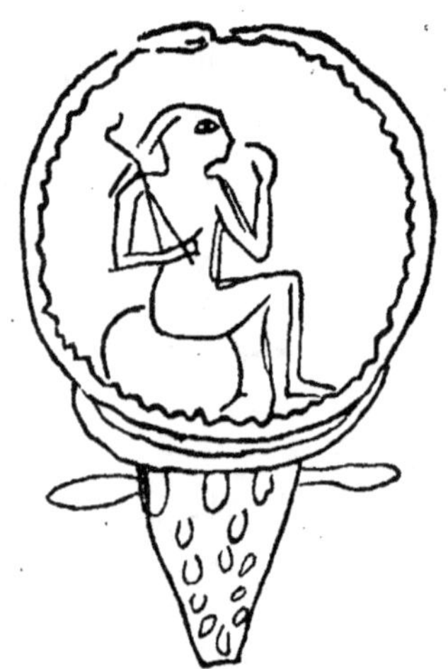

1° Le soleil est figuré par un enfant dans un disque qu'un serpent qui se mord la queue entoure, et que supporte un

---

[1] Proceedings, Janvier 1902, Miss ALICE GRENFELL, The Iconography of Bes, p. 26, 27 et 38.

[2] Id. p. 28, et Tell el Yahûdiêh, pl. XVI, 3.

bucrâne entre les deux lions de l'horizon, à demi-assis dos à dos, sans se toucher.

2° B. 307. Sarcophage de la dame Akhi (ou Aai). La tête de bœuf sous le soleil entre deux sphinx accroupis, si c'est bien une tête de bœuf, a une apparence de visage, et quelque chose comme deux hiéroglyphes ⌐ à la place des deux cornes.

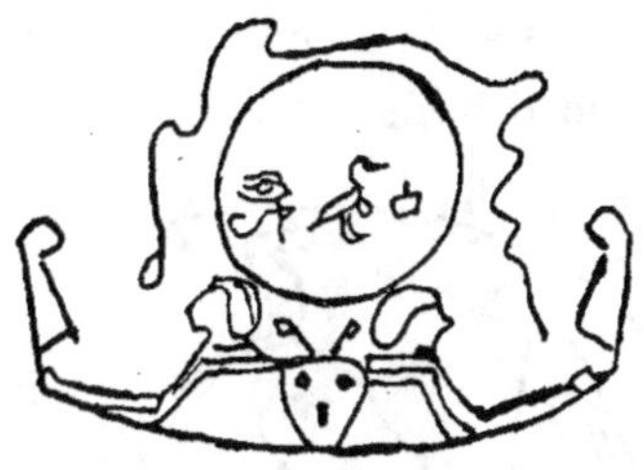

(Fond du) Cercueil extérieur de 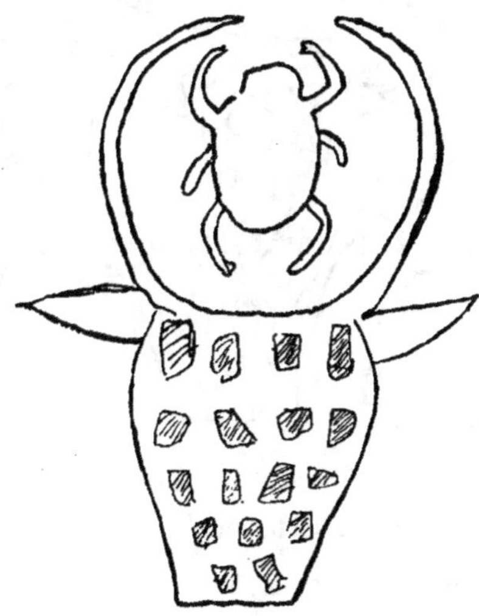

3° P. 322, n° 29620. Sarcophage de T'etu Khensu auf ankh.

Entre les cornes du bucrâne, celles du *bos africanus*,[1] formant un cercle presque fermé comme une variante du disque solaire, se trouve le scarabée: le bucrâne est posé entre les deux lions assis dos à dos, sur la barque solaire que soutient Nut au dessus de Keb, et qu'adorent les deux déesses de l'Orient et de l'Occident.

4° N° 29709. Entre les deux lions que surmontent deux arbres, le disque enfermant un dieu assis à tête d'animal barbu, repose sur un bucrâne dont la face est couverte de taches en forme d'étoiles.

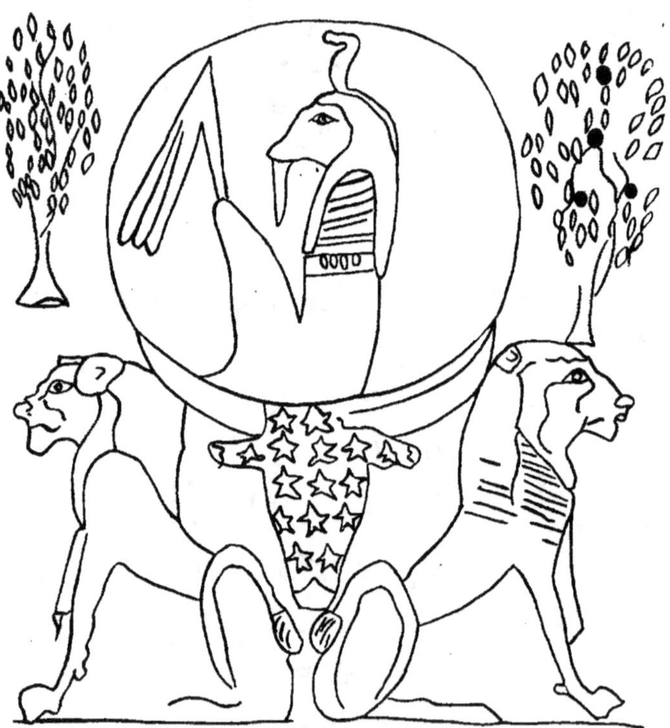

5° P. 319. Sarcophage de la dame Kaseshni, «Bouquet de lotus», convercle extérieur.

---

[1] Cf. Dr Lortet et C. Gaillard, La Faure momifiée de l'ancienne Egypte, deuxième série, p. 255, et Lepsius, Denkmaeler II, pl. 132.

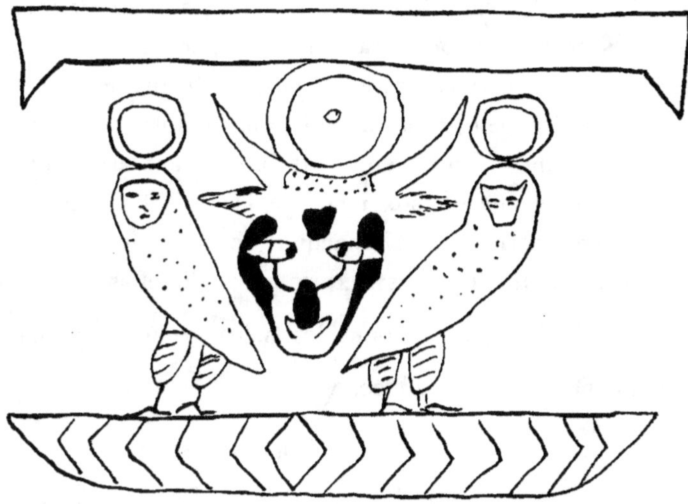

Le bucrâne, entouri de deux âmes-oiseaux disquées, apparaît sous la voûte céleste (qui est étoilée) et sur la corbeille des fêtes. Il est disqué, et a un scarabée sur la face.

On sait que les anciens disaient du scarabée qu'il faisait avec du fumier de bœuf[1] sa boule appelée en égyptien ⌒⊖|⎮⎮⎮.[2] Il pouvait donc être représenté comme sortant du bœuf, aussi bien qu'il a été dit sortant du nez d'Osiris,[3] dieu bœuf lui-même en plusieurs cas, d'ailleurs. Les principales marques du bœuf Apis étaient un triangle renversé sur le front, et un scarabée sous la langue.[4] Les Egyptiens reconnaissaient une espèce de scarabée à cornes de taureau[5] (cf. le Bupreste), et Mariette a décrit un amulette figurant un scarabée à tête de bœuf.[6] «The Hottentots sometimes sacrifice oxen to their beetle-god».[7]

---

[1] CLÉMENT D'ALEXANDRIE, Stromates. V, 4; HORAPOLLON, I, 10.

[2] LANZONE, Le Domicile des Esprits, pl. 2.

[3] BRUGSCH, Papyrus Rhinol, XII, 1.

[4] MARIETTE, Le Sérapeum de Memphis, I, p. 126—127; HÉRODOTE, III, 58.

[5] HORAPOLLON, I, 10.

[6] Notice des principaux monuments du Musée de Boulaq, troisième édition, p. 230, et MASPERO, Guide au Musée de Boulaq, p. 230.

[7] Dr JOHANNES WEISSENBORN, Animal-Worship in Africa, Journal of the African Society, p. 277, avril 1906.

Comme le scarabée figurait le soleil, son apparition entre les cornes du bœuf rappelle assez le dicton musulman que le soleil se lève entre les cornes du diable. Dans un ordre d'idées à peu près semblable, aux temples ptolémaïques, le soleil levant a pour emblème un enfant assis entre les cornes de la vache céleste, mère de l'astre, et tenant ou non une de ces cornes dans chacune de ses mains.[1] L'idée d'éclairer, d'autre part, est exprimée quelquefois par un disque entre deux cornes,[2] dans les hiéroglyphes, ☿, comme le commencement de l'année, ☿.

III.

Le Sistre.

1. — La tête de vache.

Diospolis parva, où l'on a trouvé les puits de bucrânes, puits attribués par M. Flinders Petrie à une race libyenne, portait comme parfois Dendérah,[3] le nom sacré de Ville ou Palais du Sistre, ou des Sistres: 𓉐. Elle était la capitale du septième nome de la haute Egypte, le nome diospolite, auquel appartenait comme relique l'objet divin *Sekhem*, 𓌆,[4] c'est-à-dire le Sistre,[5] instrument fait d'une tête à demi féminine et à demi bovine, la tête d'Hathor.[6] Rattaché sans

---

[1] Denkmae'er, IV, 61 g.

[2] Abydos, III, p. 356.

[3] Dendérah, I, pl. 6 a, IV, pl. 2.

[4] J. DE ROUGÉ, Edfou, pl. 139.

[5] Cf. Denkmaeler, III, pl. 5 a, l. 3, 178 b, 203, 220 b, 277 c; Recueil de Travaux, IX, p. 41; CHAMPOLLION, Notices, I, p. 136; MARIETTE, Abydos, III, p. 23; etc.

[6] Cf. FLINDERS PETRIE, Koptos, p. 4.

doute par quelque lien au culte d'Ammon, le Zeus égyptien, ce nome ne s'appelait pas moins en égyptien «le district de la Ville du Sistre», [hiéroglyphes].

Le nom vulgaire de Diospolis parva aujourd'hui Hou, était [hiéroglyphes], nom qu'elle avait en commun avec le territoire du nome, et avec les oasis. A côté du sistre on y vénérait, comme à Dendérah aussi,[1] la *menat*, autre objet sacré, [hiéroglyphes] : une des montagnes du nome, dite [hiéroglyphes], fournissait la matière dont on faisait les *menat*. Hathor, qui portait les titres de «dame du sistre et de la menat», [hiéroglyphes],[2] était la divinité locale [hiéroglyphes],[3] et les deux sœurs [hiéroglyphes], c'est-à-dire Isis et Nephthys, y recevaient aussi un culte.[4]

Hathor et Isis, souvent considérées comme deux variantes l'une de l'autre par exemple dans le nome Libyque, où l'on adorait le vache et le taureau, étaient essentiellement, en Egypte, les déesses à tête de vache. Il existait même, pour expliquer cette tête attribuée à Isis (crue l'inventrice du sistre aux basses époques)[5] une légende qui se trouve au Calendrier Sallier, comme dans Plutarque, et qui devait avoir ses analogues lorsqu'il s'agissait d'Horus à cornes de taureau et à queue de crocodile.

Le Calendrier Sallier décrit le combat de Set et d'Horus à la date du 26 Thoth. Isis ayant empêché Horus de tuer Set, «Sa Majesté Horus devint furieux comme une panthère

---

[1] Dendérah, I, pl. 9, etc.

[2] Dendérah, I, pl. 25, l. 2, et pl. 26, b, i et o.

[3] Id., pl. 27.

[4] J. DE ROUGÉ, Edfou, pl. 93 et 139; Cf. Recueil de Travaux, VII, p. 191.

[5] CREUZER, Religions de l'antiquité, traduction Guigniaut, t. I, p. 959.

du Midi. Alors elle s'enfuit devant lui. Ce jour là survint une lutte cruelle; alors il trancha la tête d'Isis; Thoth la transforma (cette tête) par ses incantations et la rétablit en tête de vache».[1]

Plutarque dit de son côté: «Horus remporta la victoire. Isis, ayant trouvé Typhon, enchaîné, ne le fit point périr mais le délivra et lui rendit la liberté. Horus, dans l'indignation qu'il en conçut, porta la main sur sa mère et lui arracha les marques de sa dignité royale qu'elle portait sur sa tête. Mercure lui donna en dédommagement un casque qui représentait une tête de taureau». Plutarque ajoute: «Tels sont les principaux faits de ce récit, dont j'ai retranché les circonstances les plus révoltantes, telles que le démembrement d'Horus et le décollement d'Isis».[2]

Cette substitution par simple masque, dans le récit atténué de l'auteur grec, rappelle la peau du bélier immolé que revêtait Ammon,[3] mais elle paraît renverser l'ordre chronologique des faits, car c'est la tête de vache qui a dû précéder la tête de femme, et avoir originairement le même rapport que le bucrâne avec le sacrifice. Dans le principe, en effet les Egyptiens sacrifiaient les vaches, et la tête de vache figure parmi les anciennes offrandes funéraires à côté de celle du bœuf.[4] La même coutume persistait dans certains cas aux époques récentes, alors qu'on immolait la vache présentée tous les ans au taureau Apis.[5] Sous le nouvel Empire, d'ailleurs, on sacrifiait des vaches rouges aux funérailles.[6]

---

[1] CHABAS, Le Calendrier des jours fastes et néfastes, p. 30 et 31.

[2] Traité d'Isis et d'Osiris, 19 et 20.

[3] HÉRODOTE, II, 42.

[4] Denkmaeler, II, pl. 25, et LACAU, Sarcophages antérieurs au nouvel Empire, I, p. 41; cf. Unas, 493.

[5] PLINE, VIII, 71, et SOLIN, Polyhistor, 33.

[6] Mémoires publiés par les membres de la Mission archéologique française au Caire, tome cinquième, troisième fascicule, G. MASPERO, Le Tombeau de Montouhi Khopshouf, p. 440, 441, 453 et 454; VIREY, Le Tombeau de Rekhmara, p. 96 et pl. 27; etc.

C'est sans doute peu à peu, et vers la fin, que le respect qu'on avait pour les vaches prit tout à fait le dessus, si bien bien qu'Hérodote a pu dire:

«Tous les Egyptiens sacrifient donc des bœufs purs et des veaux, mais il ne leur est permis de sacrifier ni vaches ni génisses, car elles sont consacrées à Isis. Or, la statue d'Isis est celle d'une femme avec des cornes de vache, comme les Grecs représentent Io, et tous les Egyptiens ont généralement pour les vaches un respect beaucoup plus grand que pour tout le menu bétail. A cause de cela, pas un homme, pas une femme d'Egypte ne voudraient baiser un Grec sur la bouche ni faire usage de son conteau, de ses broches, de sa marmite; ni manger de la chair d'un bœuf pur découpé avec le conteau d'un grec».[1] Le même historien rapporte en parlant des Libyens: «De l'Egypte au lac Tritonis, les Libyens sont nomades; ils mangent de la chair et boivent du lait; mais ils s'abstiennent de vaches pour le même motif que les Egyptiens, et ils n'élèvent point de porcs. Les femmes de Cyrène aussi jugent à propos de ne point manger de vaches, à cause de l'Egyptienne Isis; de plus, elles observent ses jeûnes et ses fêtes. Les femmes de Barca s'abstiennent aussi de vache et de porc».[2] De quelque manière que la tête de vache ou d'Hathor ait pu se trouver en relation avec le sacrifice, elle n'en a pas moins été en grand honneur, plus même que le bucrâne.

Le vingt-deuxième nome de la haute Egypte, l'Aphroditopolite, c'est-à-dire l'Hathorien, s'appelait ⸱, *Matennu*,[3] par allusion peut-être au sacrifice, et avait pour chef-lieu ⸱, «La demeure de la dame de la tête de

---

[1] HÉRODOTE, II, 41, traduction Giguet.

[2] HÉRODOTE, IV, 186.

[3] PIEHL, Etudes dédiées à M. le Dr C. LEEMANS, p. 45

110

vache», ou «des têtes de vache», [1] ou simplement , «La tête de vache», en copte ⲧⲡⲏϩ, en
arabe *Atfich:* la tête y était tabouée.[2] C'est à ce nom de
ville que font allusion les épithètes de   et de
 ,[3] données à Hathor en sa qualité de
 ,[4] «Souveraine des bœufs et des
veaux».

Maintenant, que la tête bovine, remplacée quelquefois
en variante par celle de l'antilope[5] ou peut-être même du
bélier,[6] ait été l'origine du sistre, il serait difficile d'en douter.
Elle portait en effet le même nom que le sistre, dit *seshesh*,

sesh, ,[7] ,[8] Elle s'appelait ,

 , avec la tête hathorienne en déterminatif,[9] ,[10]

 ,[11] ou, avec inversion, ,

 ,[12] .[13] Sous ces différentes

---

[1] Stèle de Piankhi, l. 4.

[2] J. DE ROUGÉ, Edfou, pl. 143.

[3] CHAMPOLLION, Notices, I, p. 670 et 671.

[4] G. LEGRAIN, Recueil de Travaux, XXIII, p. 169.

[5] Denkmaeler, III, pl. 13, b et c; et CHAMPOLLION, Notices, I, p. 659;
cf. id, II, p. 360.

[6] Denkmaeler, III, pl. 120.

[7] Dendérah, passim.

[8] DE ROCHEMONTEIX, Edfou, I, p. 271.

[9] MERENRA, 169, et Teta, 341.

[10] Denkmaeler, III, pl. 186; Todtenbuch, éd. NAVILLE, I, pl. 16, l. 3, etc.

[11] GOLÉNISCHEFF, Recueil de Travaux, XXVIII, le Papyrus n° 1115 de
l'Ermitage impérial, p. 100; cf. HERMANN JUNKER, Ueber das Schriftsystem
im Tempel der Hathor in Dendérah, p. 20.

[12] MERENRA, 222 et 815.

[13] Papyrus de Berlin n° 1, Denkmaeler, IV, pl. 116, l. 216—217; id.,
III, pl. 13; Recueil, VIII, p. 19; etc.

formes, elle servait à écrire le mot signifiant «habile», *sesha,
shesa,*[1] et le mot signifiant «écarter, ouvrir», *sehs. seshesh:*[2]
«toutes ses portes s'ouvrent, [hiéroglyphes], au Sud»,[3] «J'écarte
les fléaux avec le sistre», [hiéroglyphes],[4] disait-on.
Quand la tête hathorienne détermine aux pyramides le mot
sash, «ouvrir», cette tête, qui n'a rien entre les cornes, est
précisément le sistre archaïque, assez souvent figuré encore
aux basses époques, où on le trouve en variante avec le
sistre ordinaire, par exemple dans l'expression «chasser le
trouble, *tenten,* avec le sistre», [hiéroglyphe] ou [hiéroglyphe],[5] et dans le titre
d'Hathor, [hiéroglyphe] ou [hiéroglyphe].[6]

La tête de vache d'Hathor était généralement atténuée
en une figure de femme à oreilles de vache (rarement[7] à
oreilles de femme), et cornue, c'est cette figure qui, munie
d'un manche, forme le schéma du sistre. Le sistre, employé
avec la *menat* dès l'ancien Empire,[8] était proprement une
sorte de crécelle destinée à faire du bruit dans les cérémonies
et les fêtes, à chasser la tristesse, à réjouir les dieux. De
formes extrêmement variées,[9] et compliqué incidemment de

---

[1] J. DE ROUGÉ, Inscriptions hiéroglyphiques, pl. 31 et 266, et Edfou,
pl. 129—131; etc

[2] BRUGSCH, Dictionnaire, p. 1308, et J. DE ROUGÉ, Edfou, pl. 65.

[3] J. DE ROUGÉ, Edfou, pl. 70.

[4] Dendérah, III, pl 40 m, et pl. 38 j, 41 n, 72 b, I, 13, IV, 64 c; etc.

[5] Id., II, pl. 2 et III, pl. 40—41.

[6] Id., I, pl. 25, l. 2, et pl. 26, l. 2.

[7] Denkmaeler, III, pl. 39 c, 46, 198 c, IV, 76 c; Dendérah, III, pl.
60; etc.

[8] MARIETTE, Mastabas, p. 315.

[9] Denkmaeler, III, pl. 91, 110 a, 175 a, IV, 11 b, 23 b, 26, 62 e,
64 b, 76 c, V, 5, 16, 27, 35; CHAMPOLLION, Notices, I, p. 184, 359, 677, 698;
MARIETTE, Dendérah, I. pl. 8 b, II, 53 a, III, 53 a, 59, IV, 76 c; J. DE

la chatte bubastite,[1] il se composait essentiellement, néanmoins, de la tête hathorienne et d'anneaux mobiles enfilés dans de petites tringles:[2] il suffisait de *secouer* l'objet, σεῖστρον,[3] pour obtenir le tintamarre voulu. Sa vogue a été extraordinaire, comme en témoignent les poètes latins; aussi son image de tête affichée sur un support (dit ▦ 𓏤 𓏏 𓅃 [hiéroglyphes] '), a-t-elle été reproduite des milliers de fois en chapiteaux,[5] en frises,[6] en colonnettes ou en poteaux,[7] en coiffures,[8] etc. On la voit servant d'enseigne sous sa forme archaïque sur la stèle c 15 du Louvre.

Quant à la *menat*, qui se portait à la main ou au cou, et que pouvait surmonter une tête d'Hathor[9] ou surcharger une combinaison de petits sistres,[10] elle était composée de l'étui libyen (typhonien aussi) signalé par M. Naville et d'un collier en lanière[11] ou fait de grains,[12] dont l'agitation avait sans doute le même effet que celle du sistre. Elle ressemble par là au bâton à lanière de la Mecque qui est décrit dans Ibn Batoutah.[13] Il y a au tombeau de Rekhmara[14] une curieuse réunion de la tête du sistre et du collier de la *menat*.

C'étaient là des équivalents de la citrouille du caraïbe

ROUGÉ, Textes géographiques d'Edfou, pl. 20 et 50; Transactions of the Society of Biblical Archæology, t. IX, part I, p. 62—63; WILKINSON, Manners and Customs of the ancient Egyptians, édition Birch, I, p. 498—500; etc.

[1] Cf. PLUTARQUE, Traité d'Isis et d'Osiris, 63.

[2] Denkmaeler, III, pl. 193 et 250; MARIETTE, Abydos, III, p. 372; etc.

[3] PLUTARQUE, Traité d'Isis et d'Osiris, 63.

[4] Dendérah, I, pl. 28 l; cf. id., III, pl. 63 b; cf. Horhotep, p. 232.

[5] Denkmaeler, III, pl. 285, V, pl. 20 et 30; etc.

[6] Id., pl. 80 et 82; CHAMPOLLION, Notices, I, p. 174; etc.

[7] Dendérah, I, pl. 8, et 44—45, III, pl. 41 et 60; etc.

[8] CHAMPOLLION, Notices, I, p. 308.

[9] Recueil de Travaux, IV, p. 144, et Dendérah, II, pl. 80.

[10] Dendérah, III, pl. 43 p.

[11] Denkmaeler, III, 46 a et IV, 79 a; J. DE ROUGÉ, Inscriptions hiéroglyphiques, pl. 20; etc.

[12] Cf. FLINDERS PETRIE, Koptos, pl. 15.

[13] T. I, p. 376, traduction Defrémery et Sanguinetti.

[14] VIREY, Le Tombeau de Rekhmara, pl. 40.

et du *bull-roarer* de l'australien,[1] sans parler des sonnettes du féticheur africain,[2] et du hochet à grelots des prêtresses japonaises.[3] «On a découvert, dit de Pan,[4] dans la Sibérie, le long des côtés de l'Afrique, et dans le nouveau monde jusqu'à la Terre du feu, une infinité de nations qui emploient des crécelles, des sonnailles, des tambours ou des courges remplies de cailloux, pour éloigner les esprits malfaisants, dont les sauvages se croient souvent assiégés pendant la nuit, et dès qu'il leur survient quelque indisposition, ils doivent être exorcisés par les jongleurs; ce qui ne se fait jamais sans un bruit épouvantable dont le malade est d'abord étourdi».

«Toutes les tribus ont leurs mystères, dit d'autre part M. Lang;[5] elles ont toutes besoin d'un signal pour convoquer qui de droit, et pour avertir les autres de se détourner. C'est ce que fait pour nous la cloche et ce que faisait le sistre pour les Egyptiens».

Peut-être à l'origine la tête de vache contenait elle simplement des cailloux, s'il fallait voir son ébauche ou son équivalent dans la variante ⟨⟩ du signe ⟨⟩ : le sistre et l'*aut* n'étaient pas incompatibles, à preuve la combinaison

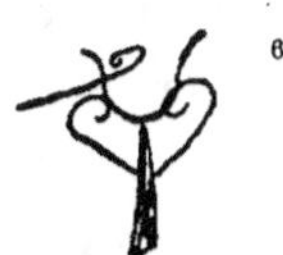

[6]

---

[1] A. Rèville, Les Religions des peuples non civilisés, t. I, p. 349 et 371 ; cf. Ed. Doutté, Merrâkech, p. 329.

[2] Cameron, A travers l'Afrique, traduction française, p. 440.

[3] P. Loti, Japoneries d'automne, p. 208.

[4] Recherches sur les Egyptiens et les Chinois, 2e partie, section V t. II, p. 180, Berlin, 1773.

[5] A. Lang, Custom and Myth, The Bull-roarer, p. 43.

[6] Catalogue des signes hiéroglyphiques de l'Imprimerie nationale, No 2232.

114

Mais le sistre n'avait pas que ce rôle bruyant. Bien que d'une origine aussi grossière peut-être que la lyre de Polyphéme, qui était faite d'un crâne de cerf et de cordes [1] il n'en était pas moins le «siège d'un esprit», [2] de même que la citrouille américaine, la calebasse parlante, ou le tambour dieu du haut Zambèze. [3] Honoré d'un culte, [4] et considéré encore comme trés puissant aux basses époques,

per tua sistra precor, [5]

il pouvait frapper d'aveuglement,

Isis et irato feriat mea lumina sistro, [6]

il s'était changé en hirondelle, [7] il favorisait l'amour ou la conception, et le papyrus démotique de la chasse et du chacal dit à ce propos, assez obscurément il est vrai: «Sa main (la main du dieu) est un remède quand on la met sur le ventre de Bast. Elle est celle-ci à face de vautour par devant, à face de sistre *(sesesh)*, (c'est-à-dire de vache Hathor) par derrière, alors que son aile les emporte. Lui, il invoque le vautour femelle — la mère qui vivifie. Il invoque le sistre *(sesesh)* pour obtenir *vulvam accipientem membrum virile.* Il la place sur le sistre *sekhen*, pour calmer la déesse par lui». [8]

Le sistre portait, aux Pyramides, le nom d'Esprit, ou de «ce qui contient un Esprit» et le mort s'assimilait à cette sorte de fétiche ou d'être surnaturel:

[9] «le Sistre-Esprit à deux

⁂

[1] LUCIEN, Dialogues marins, I, 4; cf. Denkmaeler, III, pl. 106.

[2] A. RÉVILLE. Les Religions des peuples non civilisés, I, p. 371; cf. id., p. 343 et 393.

[3] JACOTTET, 3e partie, p. 160—162, Etude sur les langues du Haut-Zambèze.

[4] SPIEGELBERG, Recueil de Travaux, XXV, Der Stabkultus, p. 187.

[5] OVIDE, Amores, l. II, 13.

[6] JUVÉNAL, XIII, vers 93.

[7] MINUTIUS FELIX, Octavius, 21.

[8] E. REVILLOUT, Revue égyptologique, XI, 1904, p. 52.

[9] Pepi I, 267—268, et Merenra, 480.

faces jumelles», c'est-à-dire ayant une tête de chaque côté, Isis et Nephthys. comme le croyait Plutarque,[1] ou bien deux Hathors. Hathor elle-même avait le surnom de *Ba-t*, par exemple dans le vingt-deuxième nome, d'après les textes d'Edfou, ⟨hiéroglyphes⟩, et de Dendérah, ⟨hiéroglyphes⟩.[2] Cette lecture *bat* du sistre se retrouve probablement dans un des noms, assez connu, de l'objet, ⟨hiéroglyphes⟩ et ⟨hiéroglyphes⟩.[3]

Il existait au moyen Empire des Chefs de Bat, dont l'un figure, avec trois autres officiants, dans le cérémonial de

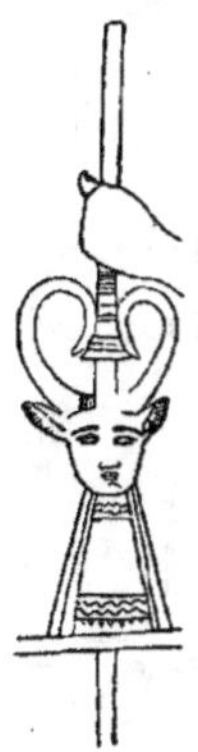

la barque funéraire: c'est le ⟨hiéroglyphes⟩.[4] Les Chefs de Bat se retrouvent antérieurement, selon toute vraisemblance, dans le titre de ⟨hiéroglyphes⟩,[5] appartenant à de grands personnages. L'un d'eux est mentionné ainsi aux Mastabas

---

[1] Traité d'Isis et d'Osiris, 63.

[2] J. DE ROUGÉ, Revue Archéologique, 1874, II, p. 286; Dendérah, I, pl. 25, l. 14, et pl. 72; BRUGSCH, Dictionnaire géographique, p. 385.

[3] Dendérah, III, pl. 42 o et 39 k.

[4] Horhotep, 455.

[5] J. DE ROUGÉ, Inscriptions hiéroglyphiques, pl 65, Denkmaeler, II, pl. 31; PIERRET, Etudes égyptologiques, VIII, p. 80 et 130, CHAMPOLLION, Notices, II, p. 434; cf. Denkmaeler, II, pl. 46.

de Mariette: «costume riche avec 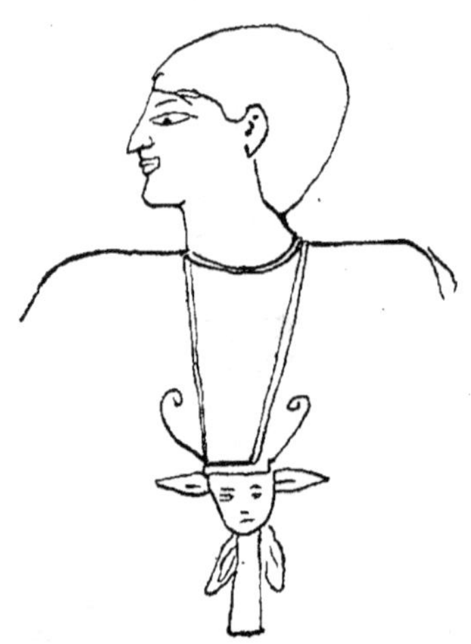», et »sur la poitrine

se trouve le titre », :[1] un grand dignitaire figure dans le
même ouvrage tenant par le haut le sistre archaïque,[2] sistre
qu'un autre dignitaire de la douzième dynastie a pendu au
cou,[3] sans doute en signe de sacerdoce, comme jadis la calebasse dans l'Amérique centrale.[4]

La forme qu'a le sistre porté par le personnage des
Mastabas persista assez pour reparaître (sans les cornes)[5]
dans la main de Néron;[6] elle se rapproche beaucoup de
celle que l'objet a d'ordinaire sur les monuments de la bonne
époque, : la tête d'Hathor supportant un édicule qui con-

---

[1] Mastabas, p. 567.

[2] Id., p. 463—467.

[3] J. DE ROUGÉ, Inscriptions hiéroglyphiques, pl. 304.

[4] A. RÉVILLE, Les Religions du Mexique, de l'Amérique centrale et
du Pérou, p. 245.

[5] Cf. Denkmaeler, III, pl. 5 a, l. 3, pl. 137, et 277 c, l. 3.

[6] Denkmaeler, IV, pl. 79 a.

tient le plus souvent un uræus disqué,[1] quelquefois deux,[2]
ou une image de déesse ou un disque avec les cornes
d'Hathor,[3] et qu'accompagne rarement un roi ou un épervier
disqué.[4] L'uræus est une déesse, et comme on le rencontre
dans le sistre avec les cornes d'Hathor, par exemple à Dendérah,[5] c'est une Hathor, la grande Sibylle égyptienne dont
le dédoublement en *sept,* les sept Hathors du destin, paraît
indiquer quelque relation sémitique.

Dans une variante abréviative très fréquente, l'édicule
manque, et les tringles pour les anneaux sont visibles, ⚱.[6]
Ce type est le plus usité, avec celui qui comporte l'édicule,
⚱: quand on les employait ensemble, le second se tenait
dans la main droite et le premier dans la gauche.[7] Dans
d'autres variantes, la tête d'Hathor sous l'édicule a deux tres-
ses pendantes[8] qui rappellent la coiffure libyenne des Ma-
shouash.[9]

Les cornes d'Hathor, qui peuvent rappeler parfois celles
de la gazelle,[10] caractérisent une race bovine de l'Ethiopie,[11]
et figurent aux enseignes archaïques des barques, à côté de
combinaisons rappelant l'*aat,* comme on l'a vu plus haut.[12]
Le sistre lui même, on tout au moins son principe, la tête

---

[1] Dendérah, Supplément, pl. H d, id., III, pl. 60; Denkmaeler, III,
285, 192 c, IV, 14 b et e, 53 a; NAVILLE, Bubastis, pl. 45 A; etc.

[2] Denkmaeler, III, pl. 246.

[3] Dendérah, III, pl. 42 o, et 59 m.

[4] Dendérah, III, pl. 41—42, et Denkmaeler, IV, pl. 53 a; et CHAM-
POLLION, Notices, I, p. 184.

[5] Dendérah, Supplément, pl H d.

[6] FLINDERS PETRIE, Abydos, II, pl. 39.

[7] Denkmaeler, IV, pl. 40 c.

[8] Denkmaeler, III, pl. 192 c, IV, pl. 52 b, 54 b, 60 a; etc.

[9] FLINDERS PETRIE et QUIBELL, Naqada and Ballas, p. 46.

[10] LORET, Revue égyptologique, X, p. 99.

[11] Denkmaeler, V, pl. 51; cf. QUIBELL, Hierakonpolis, I, pl. 29, et
II, pl. 28.

[12] FLINDERS PETRIE, Diospolis parva, p. 26 et pl. IV.

d'Hathor à oreilles de vache, et à cornes presque toujours (mais pas toujours),[1] recourbées comme celle de la couronne basse ⚊, apparaît dès le début de l'empire pharaonique. Un fragment de vase en ivoire, de la première dynastie, porte gravée une tête bovine ou hathorienne dont une corne et une oreille subsistent:

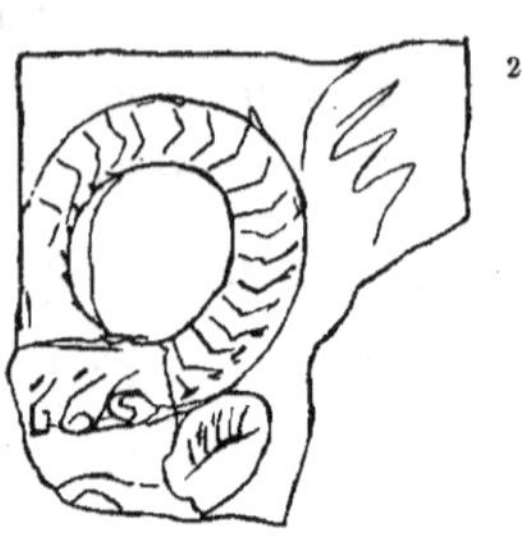

Quatre têtes hathoriennes du même genre figurent sur la grande palette du roi Narmer,[3] et deux autres sur un ivoire de la tombe du roi Azab:

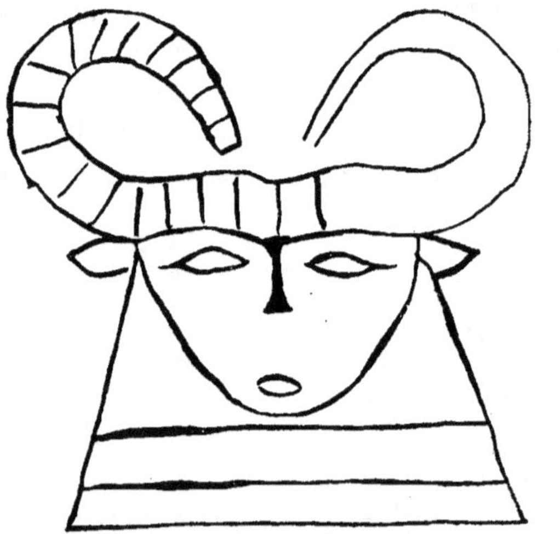

---

[1] Proceedings, juin 1885, p. 186.

[2] FLINDERS PETRIE, The Royal Tombs, II, pl. 6 et p. 24.

[3] QUIBELL, Hierakonpolis, I, pl. 29, et FLINDERS PETRIE, a History of Egypt, I, p. 20.

[4] FLINDERS PETRIE, The Royal Tombs, I, p. 25, pl. 11 et 27.

Ces têtes, sur un petit monument du temps de Pepi II, à Coptos, alternent avec des Tat (le sistre pouvant se combiner comme en ce cas avec le Ti, et comme en d'autres avec le Tat lui-même),[1] pour former la frise d'une scène d'adoration :[2]

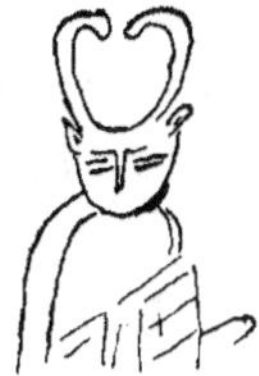

Elles ont là, déjà, la forme du sistre archaïque, avec manche, tel qu'on le voit dans le titre de *Hek Bat*, et dans certaines variantes déjà citées de Dendérah, où il remplace le sistre ordinaire.

Il ne sera pas superflu de noter au sujet du titre de *Hek Bat*, qu'Hathor était ⏝ 𓆓 𓏏,[3] comme Isis;[4] qu'en outre, comme ces personnages asiatiques dits «chefs des deux cornes»,[5] le jeune dieu Ahi, fils d'Hathor, figuré avec le sistre sous la sixième dynastie,[6] a été représenté tenant au lieu du sistre les deux cornes 𓉠 sur un bâton;[7] et que le même dieu était ⏝ 𓏏 𓂀.[8] Enfin, dans le titre dont il s'agit, la lecture *ba-t* du sistre n'est évidemment qu'une variante, car on trouve Hathor dite aussi ⏝ 𓆓 𓏏.[9]

---

[1] Denkmaeler, III, pl. 110 a, et CHAMPOLLION, Notices, I, p. 698.

[2] FLINDERS PETRIE, Koptos, p. 4 et pl. V, 7.

[3] Dendérah, I, pl. 28 c.

[4] Id., III, pl. 43.

[5] BABELON, Histoire ancienne de l'Orient, t. V, Assyrie et Chaldée, p. 49.

[6] Dendérah, III, pl. 39 K.

[7] BRUGSCH, Matériaux pour servir à l'histoire du calendrier, pl. 7.

[8] Dendérah, II, pl. 68.

[9] DE ROCHEMONTEIX, Edfou, I, p. 271.

2. — La face du disque.

La tête hathorienne ne resta pas un simple sistre, mais, par une sorte de marche ascendante, elle prit un caractère emblématique, comme la tête de bœuf. On retrouvera là, non sans des différences dont l'explication sera proposée plus loin, quelque chose des honneurs rendus et des allégories attribuées au bucrâne, soit après la mort naturelle, soit après l'immolation rituelle de l'animal.

Mise en relation avec le lever et le coucher du soleil, la tête hathorienne n'a pas été seulement le support de l'astre, 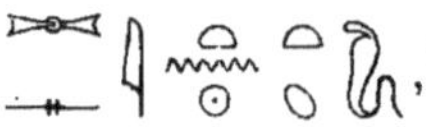,[1] comme le bucrâne, qui n'est presque jamais devenu une tête d'homme,[2] soit dit en passant: elle a été aussi le plus souvent, et par une sorte de fusion presque complète, la face ou la lumière du soleil, «dame du disque»,[3] et «déesse-or étincelant au front de son créateur».[4]

Dans une scène de l'Hadès, à la deuxième heure de l'Amtuat, le coucher du soleil englouti par la porte infernale, 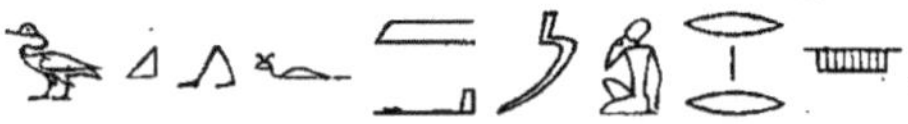, est figuré de la manière suivante, d'après le tombeau de Séti Ier, celui de Ramsès VI, le sarcophage de Nectanébo,[5] etc.: la face voilée d'Hathor, en forme de sistre,

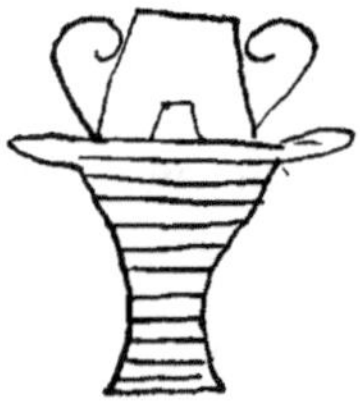

[1] Dendérah, I, pl. 25, l. 13.

[2] Cf. Goléníscheff, Ermitage impérial. Inventaire de la collection égyptienne, p. 229.

[3] Dendérah, I, pl. 25, l. 3 et 12.

[4] Dümichen, Zeitschrift, 1872, p. 35.

[5] Description de l'Egypte, Atlas, V, pl. 40.

s'en va dans une barque vers l'extrémité orientale de l'enfer, entourée par deux autres nefs dont l'une contient la tête osirienne sur le crocodile,[1] et l'autre,[2] le disque de la lune. Cette face voilée, c'est la lumière disparue.

Par contre, au sarcophage de Séti Ier, dans le second livre de l'Amtuat, l'aurore est annoncée par la venue d'une face dévoilée, qui se dirige vers le Soleil dans une petite barque, sur un uræus transporté avec elle par la barque. Les remorqueurs du Soleil saluent l'arrivée de cette tête, 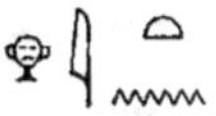, «la Face du disque», en disant; «Sois en possession, ô Soleil, de ta face, ta vraie face. Unis-toi, ô Soleil, à ta vraie face. Que la face du Soleil se dévoile et que les deux yeux de Khuti y entrent, dissipant les ténèbres de l'Ament», 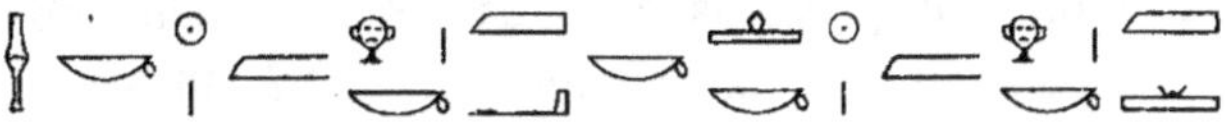
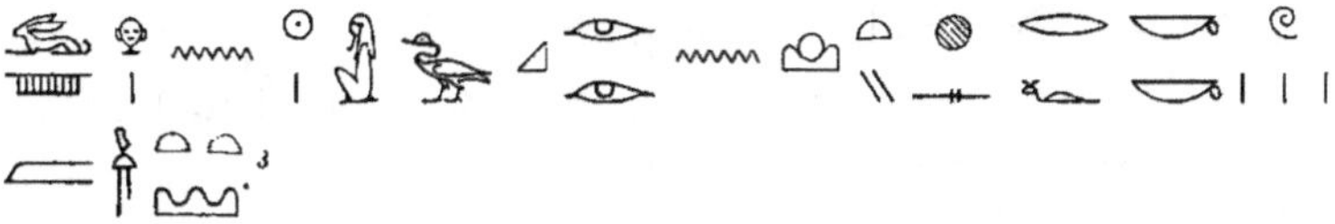[3]

Trois personnages portant des étoiles saisissent la corde de la barque où est la face, pour l'amener à la bari solaire. Cette barque de la face est suivie par un serpent ailé, dressé, et appelé, comme parfois le sistre,[4] *Semi*(*-t*), «la Conductrice», puis par le dieu *Besi,* versant, du feu sur un bucrâne affiché avec un couteau en bas, enfin, par un uræus debout ayant deux têtes humaines, *Ankhi*(*-t*), «la Vivante»: «Ceux qui sont dans ce tableau acclament avec leurs étoiles. Ils tirent la corde d'avant de la barque. Ils font entrer dans le ciel cette face du Soleil, 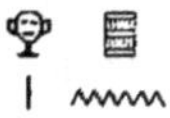, qui vogue et cingle sous la terre,

[1] Cf. Amtuat, septième heure.

[2] Cf. Recueil de Travaux, IV, p. 143, MASPERO, Rapport sur une mission en Italie, Stèle de Turin nº 284.

[3] BONOMI et SHARPE, The Alabaster Sarcophagus of Oimeneptah I, pl. XI, B, cf. CHAMPOLLION, Notices, II, p. 532 et 534.

[4] Dendérah, I, pl. 26, l. 2, III, pl. 19 o, et pl. 43, IV, pl. 9: etc.

saluant ceux qui sont dans l'enfer. — Elle (*Semit*) se lève pour le Soleil. Elle guide ce dieu dans l'enfer vers l'horizon de l'Orient. — Celui-ci (*Besi*) se lève pour le Soleil. Il verse le feu sur le bucràne ⊐ 𓏤 ⊐, et le couteau, ⌡,[1] apparaît, qui est dans la main du guerrier. — Celle-ci (la Vivante) est de la suite de ce dieu. Elle se lève pour le Soleil. C'est elle qui fixe la durée du temps; et qui enregistre les années, sous la forme de cet uræus, ⌐. Elle s'élève avec lui vers le ciel».

C'est bien la face d'Hathor qui figure dans cette conception, puisque la face voilée de la deuxième heure nocturne, son pendant, est hathorienne. La tête d'Hathor dans le disque posé sur l'horizon, compose une scène qui est assez connue et usitée pour faire partie du type hiéroglyphique de l'Imprimerie nationale:

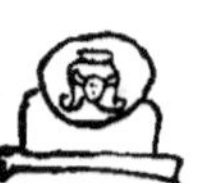

(A Dendérah,[3] le ciel du même groupe est étoilé).

Ce groupe avait pour équivalents Hathor en oiseau-âme dans le disque sur l'horizon, entre les emblèmes de l'Orient et de l'Occident;[4] ou la tête et l'horizon, sans le disque, et sous Nut absorbant et enfantant le soleil qui rayonne à sa naissance;[5] ou la tête posée sur le disque, sans l'horizon, et tirée de chaque côté par deux personnages au moyen

---

[1] Cf. CHAMPOLLION, Notices, II, p. 534 et 594, 596.

[2] Catalogue du type hiéroglyphique de l'Imprimerie nationale, seconde édition, 1873, I, 78; cf. Todtenbuch, ch. 68, l. 6, et MASPERO, Histoire ancienne des peuples de l'Orient classique, I, p. 79.

[3] CHAMPOLLION, Notices, II, p. 299.

[4] MARIETTE, Dendérah, I, pl. 37 c.

[5] Id., Supplément, pl. C.

d'un serpent en guise de corde,[1] la corde du temps selon les allégories égyptiennes.

L'idée qu' Hathor est la face solaire ou la lumière solaire domine au temple de Dendérah, consacré à la déesse, qui reçoit là de nombreuses qualifications ayant un sens très caractérisé. En voici quelques unes prises un peu au hasard: L'Etincelante,[2] la Dame de la lumière,[3] la Lumière,[4] La Grande de la flamme,[5] la Flamme,[6] Celle qui étincelle d'or,[7] l'Or;[8]

La Chevelure, 𓄿, du Soleil à Dendérah[9] l'Œil de Ra,[10] l'Œil droit de Ra l'œil de Tum et d'Horus[11] (comme Bast[12] et Sekhet qui étaient, l'une l'œil d'Horus, l'autre l'œil de Ra),[13] la Dame des deux yeux sacrés;[14]

Celle qui se disquifie en disque,[15] la déesse Disque; la tête du Disque, 𓏤𓇳 𓏤𓇳 𓏤𓇳 𓇳,[16] la Dame du disque;[17]

La Dame des deux faces du Soleil, 𓎟 𓁷𓇳𓁷,[18] et même des quatre faces,[19] la Face de la double face du Soleil, 𓁷𓏤𓂀𓁷𓇳𓁷,[20] Celle au front de laquelle on voit la

<hr>

[1] CHAMPOLLION, Notices, II, p. 603,

[2] Dendérah, I, pl. 25, l. 8.

[3] Id., l 3.

[4] Id., l. 6 et 7.

[5] Id., l. 6.

[6] Id., l. 14.

[7] Id., I, pl. 25, l. 7 et IV, pl. 24.

[8] Id., I, pl. 25, l 13 et 14; cf. IV, pl. 25 a.

[9] Id., I, pl. 16 a et 26 f.

[10] Id., pl. 26 d.

[11] Id., pl. 25, l. 12.

[12] Cf. Id., pl. 26 k.

[13] Id., I, pl. 25, l. 5 et 7.

[14] Id., l. 3; cf. l. 12.

[15] Cf. CHABAS, Le Papyrus magique Harris, pl. IV, l. 5.

[16] Dendérah, I, pl. 25, l. 8.

[17] Id., pl. 25, l. 5 et 12.

[18] Id., pl. 25 l et m, pl. 26 l, k et g; etc.

[19] Id., pl. 26 n.

[20] Id., pl. 26 n.

124

la figure du disque ⟨hiéroglyphes⟩, la Belle
Face ;[1]

Celle qui brille à l'Orient,[2] la Dame des deux barques
solaires du jour et de la nuit, la Sekti et la Maat,[3] Celle
dont Nut est le bassin, ⟨hiéroglyphes⟩,[4] Hathor en sa barque
du Soleil naissant, ⟨hiéroglyphes⟩,[5] allusion à l'arrivée de la barque contenant la face du Soleil, ⟨hiéroglyphes⟩
⟨hiéroglyphes⟩[6] «la face d'or à l'avant de la barque», d'après un
texte du Louvre.

La fête de la déesse, au premier jour de l'an, s'appelait
«sa réunion avec son père», le Soleil, ⟨hiéroglyphes⟩,[7] et ses rayons
fraternisaient alors «avec les rayons du (dieu) Resplendissant,
en ce beau jour de la naissance du disque. A cette «déesse
de l'horizon, étincelante à l'horizon»,[8] La Soleil des deux
terres, ⟨hiéroglyphes⟩,[9] La Soleil, ⟨hiéroglyphes⟩, dame du disque, la fille de
Ra, la première des filles de Ra,[10] «la déesse-Or,[11] s'unissant
aux rayons de son père installé dans son corps à elle»,
⟨hiéroglyphes⟩,[12] on disait alors:

«Les dieux sont en joie, en joie, comme le Soleil, au
premier jour de l'an, quand tu parais au dessus de ton temple,

---

[1] Dendérah, I, pl. 26 h et pl. 25, l. 10 et 11.

[2] Id., pl. 26 i.

[3] Id.

[4] Id., pl. 25, l. 14; cf. MARIETTE, Abydos, I, p. 36; BONOMI et SHARPE
The Alabaster Sarcophagus, pl. 7 B; CHAMPOLLION, Notices, I, p. 730; etc

[5] Dendérah, I, pl. 25 d.

[6] PIERRET, Etudes égyptologiques, fascicule VIII, p. 64.

[7] Dendérah, I, pl. 62 f, IV, pl. 2 et 9; etc.

[8] Id., IV, pl. 18.

[9] Id., I, pl. 26 b.

[10] Id., IV, pl. 25.

[11] Id., pl. 12.

[12] Id., pl. 19.

à la tête de tes dieux; ton père se réjouit de te voir, quand tu te réunis au rayonnement de Khuti à l'horizon, que ses splendeurs pénétrent ta face, que fraternise la pupille de l'œil sacré avec l'œil droit (du Soleil), et l'œil divin avec son divin génie dans la Ville des deux faces», (la face voilée et la face dévoilée, peut-être, et aussi les deux faces du sistre, nom de Dendérah et d'Héliopolis,[1] très souvent écrit,[2] d'autant qu'Hathor était la Dame de la face de Ra,).[3] «Joie au ciel, réjouissance à l'horizon, car l'Œil droit du Soleil fraternise avec le rayonnement du disque».[4]

Nut était censée dire aussi à la déesse: «Je protège ton corps comme double corps du Soleil, , toi qui es née du sein de Nut».[5]

Le premier d'Athyr, jour d'une fête d'Hathor en ce mois qui lui était consacré, elle était «en Ra», c'est-à-dire dans le Soleil ou à l'état de Soleil,[6] et la description du nome Tentyrite exprime la même idée en l'inversant, dans l'énumération des nomes à Edfou:

«Quand Ra est dans la barque à l'état d'Hathor, la grande déesse, , il y a des réjouissances à Dendérah»,[7] .

L'abstinence recommandée dans le même nome était, par un jeu de mots significatif, celle du membre dit *aten*, *atennu* (nom sémitique de l'oreille), allusion très probable au nom du disque solaire, *aten*, *atennu*:

---

[1] Cf. Dendérah, III, pl. 29 b, et IV, pl. 5; DARESSY, Recueil, XXVII, p. 191; etc.

[2] DE ROCHEMONTEIX, Edfou, I, p. 192, 520, 587; etc.

[3] Dendérah, II, pl. 69.

[4] Id., pl. 11.

[5] Id., pl. 29.

[6] CHABAS, Le Calendrier des jours fastes et néfastes, p. 45.

[7] J. DE ROUGÉ, Edfou, pl. 139.

ρ ⌒ ⎯ ⊗ ◠, «son tabou est ceci, le membre *atennu* dans la ville».[1]

C'était une idée très accréditée que celle de la fusion d'Hathor avec le Soleil, ou, en d'autres termes, que celle de la réunion du soleil nocturne avec la lumière diurne. La chose n'allait pas toujours, dans les textes, sans quelque amphibologie; Hathor était considérée tantôt comme la lumière revenant au disque, tantôt comme le disque lui-même revenant au Soleil, en Hathor qui retrouvait ses esprits, *Kem bau-es*.[2] Mais le sens général n'en reste pas moins clair: quand Ra et Hathor se réjoignent, c'est le soleil qui redevient lumineux d'où l'assimilation de la déesse avec l'or, «l'or, liquide de Ra»,[3] le métal solaire par excellence pour les Égyptiens,[4] comme chez les alchimistes;[5] «l'Or Roy des métaux, est enfant du soleil».[6]

Cette conception était aussi ancienne que répandue.

M. Flinders Petrie a publié, comme objets imités de l'égyptien, des boutons en ivoire, cornaline et stéatite, qui datent du temps de la sixième dynastie. Sur quelques uns figure la tête d'Hathor flanquée de deux uræus: dans un cas, elle est au dessus de la barque (solaire),

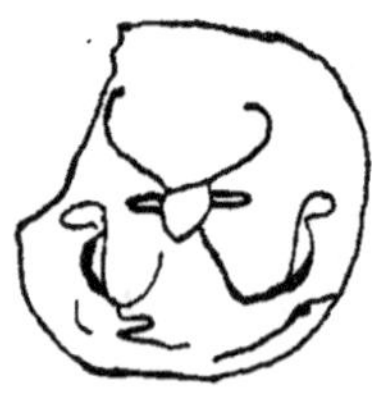

---

[1] J. DE ROUGÉ, Edfou, pl. 139.

[2] Dendérah, I, pl. 25, l. 13.

[3] MORET, Recueil de Travaux, XXIII, p. 28, Le titre "Horus d'or" dans le protocole pharaonique.

[4] E. AMÉLINEAU, Essai sur le Gnosticisme égyptien, p. 144; et Textes relatifs au mythe d'Horus, pl. 22, l. 7.

[5] REINAND, Monuments musulmans du cabinet du duc de Blacas, t. II, p. 256 et 377.

[6] Métallurgie ou l'art de tirer et de purifier les Métaux, traduit de l'espagnol d'Alphonse Barba, Paris 1751, t. II, p. 83.

dans un autre cas elle est voilée, comme à la deuxième heure
de l'Amtuat,

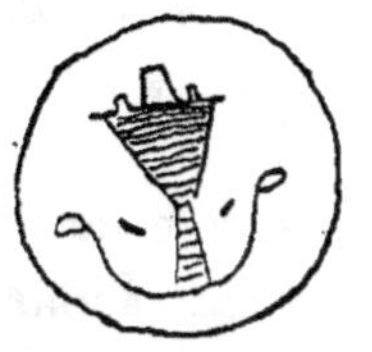

Si ce sont là des copies de dessins égyptiens ayant
passé par la Crête, comme le croit M. Flinders Petrie, alors
les originaux, qui sont forcément antérieurs, peuvent l'être
de beaucoup.

Le même savant a publié encore des scarabées plus
récents, de Gurob, qui reproduisent le même type, c'est-à-dire
la tête d'Hathor avec les deux uræus le plus souvent (ceux-ci
sont disqués sur un scarabée analogue, de Kahun):[2]

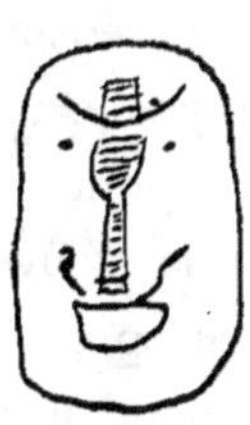

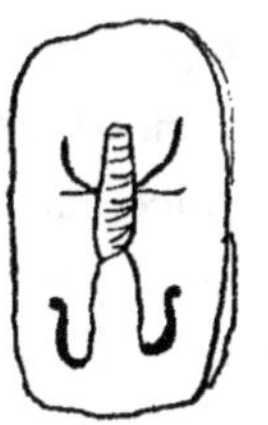

No 75.   No 79.

Une fois, n° 82, la tête hathorienne voilée est posée sur
le dos d'un animal que ressemble à l'hippopotame, un des sup-
pôts de Typhon;[4] une autre fois, non voilée, comme sur
plusieurs scarabées de la collection Ward[5] et de Kahun,[6]
elle est au dessus de la barque à deux têtes humaines pour

---

[1] Methods and aims in Archæology, p. 162, figure 62.

[2] FLINDERS PETRIE, Kahun, Gurob and Hawara, pl. X, 79.

[3] Illahun, Kahun and Gurob, pl. 23; cf. Collection Ward, Proceedings,
février 1901, pl. 13 et 14.

[4] Cf. Proceedings, Janvier 1902, p. 27 et 28.

[5] Id., février 1901, pl. 13 et 14, Nos 431 et 440.

[6] Kahun, Gurob and Hawara, pl. X, n° 79.

proue et poupe,[1] mais elle est accompagnée là de palmes au lieu d'uræus.[2]

Dans tous ces exemples, la tête d'Hathor fait visiblement fonction de disque, avec ses deux uræus ou sa barque.

On voit que la tête solaire de la déesse a un sens autre que celui de la tête de bœuf sacrifiée ou tout au moins affichée, ce qui ne veut pas dire que leur point de départ, comme fétiches chassant les mauvaises influences, ait dû être forcément différent.

Toutefois, les origines du sistre sont peut-être plus complexes, car son rôle est devenu tellement supérieur à celui du bucrâne qu'il peut y avoir eu à cela une cause spéciale, indépendamment des honneurs rendus à la vache, devenue la mère du Soleil en bien des cas. Quelle cause alors? Peut-être, si Hathor dame des deux côtés de la mer Rouge,[3] est venue de l'étranger, un très ancien syncrétisme entre le culte de l'Astarté sémitique et celui de la vache indigène, comme dans ce buste bicéphale des basses époques, à face isiaque (ou osiriaque) et à face bovine, qui se trouve aujourd'hui à la villa Hadriani.[4] C'est ainsi qu'Horus prenait des cornes de taureau ou une queue de crocodile, quand il s'assimilait quelque autre type sacré. Assurément les religions sémitiques n'ont pas ignoré non plus l'espèce bovine, à preuve les colosses gardiens des temples, taureaux à face humaine;[5] les monstres hostiles ou favorables de certaines légendes, comme l'adversaire d'Eabani et le fils de Zou; Moloch, prototype du Minos crétois; le dieu syrien Hadad;[6] le veau d'or imité pro-

---

[1] Cf. CHAMPOLLION, Notices, II, p. 570 et 571.

[2] Illahun, Kahun and Gurob, pl. 23, n° 63.

[3] Dendérah, I, pl. 45.

[4] PIERRE GUSMAN, La Villa impériale de Tibur (Villa Hadriani), p. 316, figure 579.

[5] Cf. SAYCE, Proceedings, Janvier 1903, p. 62.

[6] Cf. Revue archéologique, 1904, Juillet—décembre, p 230, RENÉ DUSSAUD, Notes de mythologie syrienne, Lion et Taureau.

bablement d'Apis, etc.; mais rien dans tout ceci ne rappelle le sistre ou le bucrâne.

Une autre question d'origine, plus générale, se pose encore ici, sur le fait de savoir si l'emploi du bucrâne en Egypte, tel qu'il ressort de ce qu'on vient de lire, est spécialement africain. D'après M. Flinders Petrie, l'affichage du bucrâne caractériserait une race libyenne ayant occupé l'Egypte à l'époque préhistorique, et dont le plus ancien amulette était le bucrâne. Cette race, reparue de la treizième à la dix-septième dynastie, aurait introduit ou conservé la coutume des bucrânes peints, surtout à Diospolis parva qui se trouve, par une curieuse coïncidence, avoir été la ville du sistre, une des formes archaïques de la représentation du bucrâne.

M. Flinders Petrie pourrait invoquer encore, à l'appui de sa thèse, l'attribution toute spéciale du bucrâne à Khem, dieu africain, et à la capitale du Fayoum, pays plutôt libyen. Il suivrait de là une nouvelle confirmation de l'idée, assez répandue aujourd'hui, que la civilisation égyptienne reposerait sur un *substratum* indigène dont les traces, antérieures aux apports sémitiques, deviendraient de plus en plus apparentes, à mesure que les fouilles mettent au jour de nouveaux matériaux. L'avenir nous apprendra ce qu'il peut y avoir de plus ou moins fondé dans cette opinion.

Alger, 28 avril 1906.